每一天，
都是放手的練習 2

More Language of Letting Go

梅樂蒂・碧緹（Melody Beattie）著
盧姿麟 譯

遠流出版公司

今天，
以及未來人生的每一天，
都請花點時間，問自己，
「還好嗎？」

一月

相信好事會降臨

未來從不侷限於眼前所見・讓事情過去，繼續往前走・了解自己的底限・時機成熟就出發・為自己人生負責・放手拯救自己的人生・在愛中保持淡然・試試另一個按鈕・對自己說沒問題・訓練自己放手・放輕鬆，你會找到答案・放下過去・我們只能走這麼遠・你想要什麼？・當一個自動調溫器・信念的力量・保護自己不受負能量影響・發現自己的優點・放手擁有強大力量

1月1日 相信好事會降臨

我們剛搬到新家，屋內一團混亂。我不知道是誰先想出這點子。總之有人拿起筆，開始在牆上畫。然後在下方我寫著：「未來即限於眼前所見。」朋友把「即」槓掉，改成「從不」。

終於，房子裝潢完工。數月之後，當時我們在牆上畫的，或慢、或快，或以我們最料想不到的方式，都開始一一實現了。

即使你想像不出接下來會發生什麼，放輕鬆。美好的願景一直都在。我們的牆上很快都會畫滿自己的人生故事。未來從不侷限於眼前所見。

在開始談放手之前，我們必須先瞭解放手是什麼，還有放手帶來的強大力量。

今天，我要善盡本分，然後放手。

活動：列出新的一年你希望發生的事、想獲得的特質、想要的與想做的事情，還有期待發生的改變。這份清單不必非在一年內實現。或者你希望生命中出現什麼？留下一點空間迎接計畫外的驚喜，但也預留空間給自己想要的，例如你的企圖、願望、夢想、希望與目標。你也可以列出準備好放手的事物、人、心態和行為。

1月2日 善盡本分

讓自己變得緊繃、彆扭與困惑的最好辦法，就是養成努力過頭的心態，也就是顧慮太多。

——班傑明．霍夫，《小熊維尼的道》

冥冥之中有力量會幫助我們，但我們也必須善盡本分。往往，我們告訴自己，從A點到B點（或Z點）的唯一途徑就是繃緊神經，帶著些許（或很多）執著，戒慎恐懼，直到達成我們想要完成的目標。

這不是通往成功，而是走向恐懼與焦慮的途徑。

接受。放鬆。深呼吸。放手。

相信自己，在時機成熟時，你一定能擁有最美好的人生。

今天，我要將人生旅程中的恐懼和掌控，轉為放手與尋找自我的真實力量。

1月3日　把理念付諸實行

兩個和尚在一場大雨後走在街上。當走到街角時，他們遇到一位穿著華服的漂亮女孩，她想橫越泥濘的馬路，但擔心弄髒衣服。「來，我幫你，」其中一位和尚說。他雙手抱起女孩，將她送到另一側。之後兩位和尚沉默不語走了好長一段路。

「我們發誓要信守獨身，不接近女色。你這樣很危險，」第二位和尚開口說，「你為什麼那麼做？」

「我在街角就將那女孩放下了，」第一位和尚說，「你還沒放下嗎？」

有時候，我們會發現自身的處境與我們的理念相衝突。對他人施與關愛可能會牴觸對自我承諾與自我照顧的價值觀。

當一種理念比另一種強勢時，請善用自己的判斷力。對其他人公平，也對自己公平。然後讓事情過去，繼續往前走。

今天，我要學會何時放手。

活動：對你而言什麼是最重要的事物，不論夢想能不能實現，或目標能不能達成？列出你的理念，寫在目標清單旁。讓這些理念變成指明你前方道路的一道光，讓自己與自己、還有與他人和諧共處。

1月4日 懂得何時妥協

有時候妥協很重要。有時候為了不要破壞團體或伴侶的興致，或為了團隊利益著想，對於別人的期望做點讓步是好的。不過，有時候妥協是危險的。我們必須捍衛自己的準則，不要為了獲取某個人的認可或關愛而妥協。

決定自己何時可以、何時不可以妥協。如果不會造成損失而且你對做決定猶豫不決，那就妥協吧。如果會破壞你的價值觀，妥協就不是好主意。

已婚的你與一位迷人的同事共進午餐可以嗎？或許吧，但如果從午餐進展到晚餐，讓你們有更多時間共處，最後發展出一段關係，這樣就不行。

記得，對別人而言可以接受的讓步，對你卻不一定可以。瞭解自己的底限，知道自己的價值觀，並留意到自己做出妥協可能帶來的危險。

今天，我要意識到自己的底限，不輕易在對自己人生路途有助益的價值上做出妥協。

1月5日 時機成熟就出發

有一天，我們去參觀一處印第安人的廢墟。步道上有個牌子記載某個部族定居這個窄小峽谷的故事。考古學家們顯然竭盡心力判定這些古印第安人是怎麼生活、又怎麼策略性將房屋建在危險懸崖邊，還探討了什麼原因導致這個古民族在一夕之間突然消失。

「也許他們只是膩了，想搬家，」友人說。「他們只是搬走了，就像現在人們會做的事。」

我們容易將未知的事浪漫化，容易假設他人一定有更大的抱負、更高的理想，而不只是工作、建立家庭，日復一日生活。但人就是人，從古至今都不會變。我們遇到的問題不新奇也不獨特。快樂的秘訣始終如一。假如現在的環境讓你不快樂，離開吧。沒錯，也許你人在這裡，也許你正在面對難題，但沒有理由非得留下。假如爐子摸了會燙到，別去摸。假如你有想去的地方，出發吧。假如你想追求夢想，去吧。你可以選擇在現在的位置接受磨練，但不要限制自己自由行動與接受挑戰的能力。

走在現在這條路上的你快樂嗎？假如不是，或許是時候另闢蹊徑了。這不需要什麼深奧神秘的理由。有時只不過是天氣太燥熱，大海又正在呼喚你而已。

留在你想停留的地方。

今天，我要尋找內心真正喜歡的路，在時機成熟時邁出步伐。

1月6日 為自己人生負責

我們在參加急流泛舟、玩高空彈跳前，通常都必須先簽一份棄權聲明書。這份聲明書說明，你瞭解即將從事的活動的危險性，且自主決定參與該活動，獨自承擔所有的結果。簽署這份聲明書，即自動放棄提起告訴、發牢騷、抱怨的權利，唯一還有的權利就是冒著生命危險迎接新體驗。

你簽署棄權聲明書，是為了保護他人不為自己發生的意外負責。我認為棄權聲明是很好的提醒，它告訴我們，**最終除了自己，沒有誰能為我們自己的人生負責**。沒人可以怪罪，沒人可以起訴，沒人可以求償。我為自己做決定，並在每一天生活中承受這些決定帶來的結果。

你也是。

這是你的人生。簽一份聲明書表示你願意為之負責。放自己與他人自由。

今天，我會瞭解自己與生俱來的力量，為自己所做的決定負責，並做出對自己最好的選擇。

活動：仔細閱讀下一頁的聲明書。填上姓名和日期，請清楚認知自己正在簽署的是什麼。畢竟這是你的人生。你要為自己的行為負責。

棄權聲明書

我瞭解自己一生中需要做出很多決定，例如想住在哪裡、和誰一起住、在哪裡工作、怎麼玩樂、如何使用金錢與時間，包括花多少時間等待事情好轉或他人改變，以及選擇要愛誰。

我瞭解許多事情發生是無法由我自己控制，而且我所做的一切決定都潛藏危險與風險。其他人沒有義務達成我的期望；我也沒有義務符合任何人的期望。人生是場高風險的賽事，過程中我可能受傷。

我同意自己所做的一切決定只有自己能負責，包括選擇如何面對超出自己掌控的事。我特此放棄身為受害者的追索權，包括責怪、埋怨，發牢騷或要他人為我自己選擇的道路負責的權利。我為自己參與或缺席的人生負責。我全權承擔自己所做一切決定的結果與後果，並瞭解我會變得快樂、開朗、自在，或是繼續痛苦與受挫，最終都取決於自己。

即使別人可能會出於天性、義務養育並愛我，但我自己有責任照顧並愛自己。

簽署人：

日期：

1月7日 用日誌記錄自己的生活

你會不會寫日誌記錄自己的生活？

日誌有很多種寫法。我們可以想到什麼就寫什麼。這很有用，尤其是在自己被卡住時。我們可以把日誌當作一種記錄，寫下當天做了哪些事。這也是個訂定目標、探索自己幻想與夢想的好方式。或只是寫下每天發生的事，然後說說自己的感想。

也許有人認為日誌有所謂正確或不正確的寫法，我卻不這麼想。日誌怎麼寫並無規定。這只是我們記錄和保存生活的一種方式。

你覺得自己的生活值得保存嗎？我覺得是。假如你一直不想留存自己的生活，不妨問問自己「為什麼」？

今天，我會留意並尊重生活中發生的點滴。

1月8日　放手拯救自己的人生

我蜷縮在飛機艙門內側，旁邊是高空跳傘教練。我右手抓著艙門保持平衡，左手緊抓教練身上裝備的護帶。

深吸一口氣後，我鬆開握住門的手，閉上眼睛，往下跳，左手仍緊抓教練的護帶。我們在空中搖晃了一會。他轉身面向我。我抓住他另一邊的安全帶。他點點頭，示意我放手。

我搖頭，動作很小心，以免失去平衡。他一臉疑惑，然後再次點頭。我再次搖頭，手抓得更緊了。

我檢查身上的高度計，該鬆開手了，然後放開手。顯然我若還緊抓教練，便無法安全拉開傘索。該是自己拯救自己的時候了。我的教練往後退開。

我拉下開傘索，降落傘嗖地發出清甜的聲音，哇！太好了！

有時我們太害怕，只能想到要牢牢握住。這時候緊抓不放是愚蠢的錯覺。緊抓著一段走不下去的關係、負面的自我形象、前景黯淡的工作、已逝去的時光和年歲，或如恐懼或受傷的情緒，也都可能是愚蠢的錯覺。

為了拯救自己的人生，有時我們必須先放手。

今天，我會知道什麼事該放手，以及何時該這麼做。

1月9日 在愛中保持淡然

好幾年前，我們養了一隻沙鼠。有一天，沙鼠跑出籠外，匆匆奔過地板，快得沒人來得及抓住。接下來幾個月，這隻沙鼠弄得全家人仰馬翻，因為我們怎樣都抓不到牠。

有天，我坐在客廳時又看到這隻小動物跑出來。我正要像往常一樣撲向牠，但卻停下來。因為我受夠了。如果這隻小動物真想躲起來，那就隨牠吧。我不想再為此擔心，不想再追著牠跑了。

我讓沙鼠從眼前跑過而毫無反應。雖然覺得怪怪的，但我還是堅持下去，沒多久之後，我看到牠跑出來不再激動。我不再和沙鼠對抗。

某天下午，沙鼠又從我身邊跑過，我幾乎沒正眼看牠。約一小時後，沙鼠跑來站在我腳邊。我輕輕將牠捧起來放進籠裡。不必追著沙鼠跑。再去追牠只會讓牠更害怕，也讓我們自己抓狂。

你是否有某個想要親近的人？你人生中是否有某個無法改變的突發狀況？保持淡然，尤其是在愛中保持淡然，會有幫助。

今天，我會明白在各種關係中保持淡然所帶來的力量。

1月10日　試試另一個按鈕

假如你持續按同一個按鈕，你只會得到同一個結果。假如你不喜歡相同的結果，不妨試試另一個按鈕。

「我試了又試，卻好像什麼都沒變。我不懂為什麼他不試著對我好一點，我為他做了那麼多。」

「我的努力總是無法得到同事和主管的認可。」

假如你發現自己面對相同情況時屢次出現相同的反應，並期待能有所改變，請停止！

假如你一直重複按相同的按鈕，你可能只會得到重複不變的結果。

檢視自己的人際關係。你是不是盡了一切努力想按對的按鈕，狀況卻越來越糟？你是否發現自己面對相同情況的反應如出一轍，結果永遠令自己不滿？你反覆嘗試相同的事，等待外力改變，而非自己試著換個做法嗎？

或許你該停止按同一個按鈕，離開，然後做別的事。

今天，我要誠實看清楚人生的各種狀況，並用智慧與責任去回應。

1月11日 把球丟出去

「我認為放手就像丟棒球，」一位朋友說。「問題是，我根本不想將球丟出去。」握著球是一種誘惑。球已經在我們手中。何不自己留著呢？至少如果我們去鑽研某個問題，感覺就像自己有在做什麼。但事實上沒有。我們只是緊握著球，而且很可能延誤了整場比賽。

嘗試解決問題或提供他人建議沒有什麼不對。但假如我們做了一切能做的，除了執著之外沒有別的可以做了，這時我們要阻止的人就是自己。

以下是幾個原則，供大家參考：

- 假如你試著解決某個問題三次，而且執著不算成是一種解決問題的方法，就應該讓自己停下來。放手。把球丟出去。至少今天這麼做。
- 假如他人向自己尋求建議，就給一次建議。然後將把球丟給對方。什麼也別再說。
- 假如他人並未尋求建議，或你提供意見卻被婉拒，你手上根本沒有球可以丟。就別再說了。

回想你願意放手的那些時刻。想想當時事情如何出現轉機。現在回想那些自己不願放手的時刻。不論願不願意，你最後有把球丟出去嗎？

今天，我要看見放手的益處。

1月12日 停止玩拉鋸戰

放手就像在和上天玩拉鋸戰。

你是否曾用一隻舊襪子或玩具和小狗玩拔河？你拉，牠也拉。你從牠嘴裡拉走襪子，牠又搶回去，把襪子甩來甩去，從喉嚨發出低吼。你越用力拉，牠也越用力。最後，你乾脆放手。牠會立刻跑回來，想再玩一次。

我人生中從未因為執著或掌控而成功解決過問題，也從未透過瞎操心而完成任何事。操控也從未為我帶來好的結局。但有時候我就是會忘記。

最好的結果總出現在我放手之後。

這不代表我每次都能如願。但事情都因此可以獲得解決，而且最後，啟示漸漸變得清楚。假如我們想玩拉鋸戰，也不是不行，但這不是有效解決問題的方式。

今天，我會停止瞎操心和操控他人。

1月13日 照顧自己

一旦一個人開始懂了這個真理，他只會向內探求，學習如何安頓自己，而非試圖改變他人。

——布蘭德溫拉比

放手不代表我們不在乎。放手不代表我們封閉自己的心。

放手代表我們不再試圖強求結果與強迫他人。

放手代表我們暫時接受既定的事實，代表我們不再試圖去做不可能的事，掌控無法掌控的事。反之，當我們專注於可能的事，通常這就意味著照顧自己，盡可能用滿滿的溫柔、善意和愛照顧自己。

你是否曾經騙自己去相信，自己能掌控別人？假如是，告訴自己事實的真相。停止試圖得到你完全沒有的力量，而是將你的意志用於會有結果的事。

你永遠都擁有的力量之一，就是放手並照顧自己。

今天，我會讓放手和照顧自己成為我生活的一部分。

1月14日　對自己說沒問題

你的人生平衡嗎？你有保留同樣多的時間、精力給自己，過自己的生活，就像你對身邊的人那樣嗎？我們都知道面對別人的請求說「沒問題」有多簡單。畢竟，這讓我們感覺良好，感覺被需要，感覺被愛。我們越常說「沒問題」，別人也越常請求。我們告訴自己這意味著更多的愛。

但很快地我們說沒問題的事情太多了。我們開始在各種關係中覺得不平衡。我們會心想：「他們沒一件事能自己來嗎？」「如果不是我，事情就不會有人做。」「沒有其他人能幫忙嗎？」再過一段時間，事情漸漸沒有被完成，承諾沒有被實現，關係開始破裂。我們也會崩潰。

事情其實不必如此。瞭解自己的底限。你就是自己最重要、最需要照顧和關愛的人。將你的時間、精力和生活，平衡地分配給你自己和你身邊的人。你會因此更自由、更愉快地給予。給予他人幫助或關愛並沒有錯，但你也可以對自己說沒問題。

今天，我會保持生活的平衡，學會什麼時候該對自己說沒問題。

1月15日 訓練自己放手

這或許聽起來有點怪，但降低控制慾的方法就是訓練自己放手。

——史黛拉．藍斯尼克，《快樂地帶：激發最深的快樂潛能》

某天我在家裡心煩意亂時，一位友人來電，問我過得如何。我告訴他我很憂慮。事實上，我當時對某件事已經不只是憂慮，而是到了偏執的程度。「你什麼也不能做，」他說。「放輕鬆，這不是你能控制的。」

我朋友說的其實就是練習放手。掛掉電話後，我刻意將自己的擔心和執著放在一旁。我接受事實的樣貌，讓自己放鬆下來。結果，如奇蹟一般，我的生活開始能向前走了。

在我們開始放手時，要這麼放輕鬆和放下，看來幾乎是不可能。而就像其他事，透過反覆練習，我們會越來越熟練。這不代表我們不必記得要放手，只是說總有一天放手會變得比較簡單。

假如你很容易擔心、執著或試圖去掌控，請刻意讓自己練習放鬆和放手，直到你也同樣輕鬆做到為止。

今天，我要在日常生活中練習放鬆和放手，我會有自信、尊嚴、輕鬆地放手。

1月16日　放手讓它掉落

你如何放手？

「我就是無法放手？」「這怎麼可能放手。」在我們擔心、鑽牛角尖和執著時，這些思緒常常會從腦中飄過。

拿起你身邊的某樣物品。例如，拿起這本書。好好拿著，然後放開手，讓它掉下去。讓它從你手中掉落。

對於任何自己正在執著或掛念的事，也這麼做吧。假如你又把它撿回來，再丟一次。看吧！放手是每個人都能學會的技能。

熱情和專注可以引領我們朝目標邁進，幫助我們找到方向。但偏執則代表我們越線了。當我們學會張開緊握的拳頭，直覺地放手，我們就能仁慈但堅定地對待自己和他人。

今天，當我開始執著於某個問題，我會提醒自己，我不需要這麼執著。放手永遠是我擁有的選擇之一。

1月17日 放輕鬆，你會找到答案

讓答案自然浮現。

你是否曾經走進一個房間要拿某樣東西，進去後卻忘了自己要拿什麼呢？通常我們越刻意去記住什麼，就越容易忘記。

但是當我們放輕鬆，暫時去做其他事，也就是單純地放手，我們極力想記住的事情就會自然而然出現在腦海中。

當我建議我們放手時，意思就只是放手。我不是說問題不重要，或我們必須要求自己完全不去想，或我們在意的那個人再也不算什麼了。我的意思是，假如真能做些什麼，我們可能早就做了。無法做什麼的時候，放手通常比較有用。

今天，我要放鬆，下一步該如何做的答案自然而然就會浮現。

1月18日　放下過去

某天清晨我坐在戶外露臺上。我的思緒回到幾年前，當時我兒子還活著，我女兒還住在家裡。我們的感情、家人間的連結非常穩固。「我們要永遠一起過生日，」我們許下諾言。那是我人生中最美好、最快樂的一年。我希望那段時光能倒流。如果我能再見他一面，只要一分鐘就好；如果我們三人能再次團聚，只要一天就好，我奢求著，那麼人生該會有多美好。

那天早晨稍晚，我看書時，突然有一句話跳出來：「執著於過去。」

是時候面對現實了，過去已經結束，任何試圖讓過去重現的努力，只會使自己困在過去，假如不那麼執著在過去曾經歷過的，我早就已經成長，邁下向一階段。

而且，即使生活改變了，即使想念孩子，現在的生活也是無可挑剔了。

當你失去自己深愛與珍惜的人和時光，別壓抑自己的情緒和感覺。該是多悲傷就多悲傷。然後放手讓這些感受與往事離開。別讓回憶阻礙你去發現，自己當下生活的每一刻有多麼的美麗與珍貴。

今天，我要放下昨天，敞開心胸，迎接今天的恩典。

1月19日 你和人生、宇宙萬物有深深的連結

「我朋友過世了，我很難過，」某天有位男士告訴我。「我休假去旅行，徒步遊歷。我看到山洞裡的白雪和大自然鬼斧神工的岩柱矗立於雲霄。我之所以踏上這段旅程，是想證明沉浸在悲傷中的自己有多孤獨。但旅途結束後，我發現自己與這個世界深深連結著。」

放手其中一個過程，就是瞭解自己是天地宇宙的一份子，而非獨立於其外。

也許你最近生活中的某件事意味著結束——某位親人過世、結束某段關係、失去某個工作。我們愛的人與我們做的事，讓我們體認到自己是什麼樣的人。而當我們愛的人與事物受到威脅、侵奪，我們絕對會挺身反抗。我們想抓住已知，而不願去看看另一邊有些什麼。

放開那些人生中無法掌控的事。在這個浩瀚宇宙裡你不是孤獨的個體，獨自掙扎對抗各方力量；你是整體的一部分。發生在你身上的改變，無論是快樂的、悲傷的、容易的、困難的，都只是我們每個人成長過程中必經的一部分。

失去了，盡情感受痛苦，成功了，盡情感受喜悅，然後放手，繼續成長。

記得你與這個世界深深連結著。

今天，我瞭解自己是宇宙萬物的一份子，不需要與之對抗。我會平靜地生活並歌頌人生。

1月20日　我們只能走這麼遠

世界上沒有所謂完全的接受。當你回憶起某一個失去，感到有些距離，傷痛也減緩許多，你就已經接受了失去與完成哀悼。你接受現在生活已經不一樣，也準備好迎向未來。

——大衛・維康特，《怎樣擁有好情緒》

有些事我們可能永遠也無法完全接受。但我們可以接受的是，我們需要與失去好好和平共處，並想辦法繼續前進。

有些人小時候受過暴力虐待，那份傷害超出任何人能忍受的範圍。我們之中有人長大後經歷了難以想像的失去。或者有人的另一半背叛了自己。我們也許因為離婚失去家庭，因為意外或疾病失去健康。又或者我們所愛的人已經離開人世。

你可以不必一直等待或期望，自己能夠完全接受人生中難以想像的失去。反之，每天溫柔地做一件事，告訴自己，你願意走出傷痛，迎向未來。

今天，我會學習溫柔對待每一顆破碎的心，包含我自己的在內。

1月21日 試著與他人分享

如果我們將獲得的全都貯藏起來，我們會堵住獲得更多的大門。如果你感覺自己的人生停滯不前，那麼請將你所獲得的東西分享出去。

與他人分享過來人的經驗和同理心，你也會慢慢對悲傷釋懷。傳授你的獨門方法給他人，分享自己成功的經驗，慷慨分享你獲得的，舉例來說，你可以捐款給你最喜歡的慈善機構。付出你的時間、金錢和能力。當你開始付出，你也開啟了獲得更多的大門。

找出你自己與他人分享的方式。例如最簡單的就是午餐時請人吃飯，或者參與一項與在地計畫有關的志工團隊。從微小處著手，並在給予時不求回報。不要希望對方說感謝，不帶期望地給予。留意自己在分享過程中有什麼感覺；留意自己靈魂深處感覺到的光芒。然後，再做一次。繼續一點一滴分享你的經驗、力量和希望，直到分享變成你天性的一部分。

與他人分享你所得到的禮物，對你所獲得的一切敞開心胸接受。一開始你靈魂深處所感覺到的微小光芒，會很快就填滿你的生命。也許有時候我們會勉強自己去施予，然後一點也不快樂。解決的方法不是就此不再給予，而是學習如何快樂地給予。

今天，我會慷慨給予我所獲得的。我會了解如何給予，而且是健康、自在、不受羈絆地給予與接受。

1月22日　拋開自己的計畫

放手的感覺可能很不自然。我們為了工作升遷、一段關係、一部新車、一段假期，辛勤努力。然後不知為何所有計畫都被攪亂，豈有此理！也因此，與其打開心胸迎接前方等著自己的經驗，我們寧可緊握住已經訂好的計畫，或執著沉溺於計畫落空的失落感。

有時候，失去未來的夢想和計畫，與失去實質的物品一樣讓我們痛苦。有時候，接受並釋放自己破碎的夢想，則是接受失去的一個過程。

放下期望。這個上天自有安排。有時候你的夢想會實現，有時候不會。有時候當你放下一個已經破碎的夢想，另一個正悄悄地來敲門。

留心注意什麼事情正在發生，而不是你希望什麼事情發生。

今天，我會放下期望，我知道自己生命中的一舉一動都充滿美麗與驚奇。

1月23日 記得要放手

一位朋友要我到另一個房間去看看。可是我不想移動。那個時候我正深陷在執著中，煩惱自己無法改變的事，至少當時改變不了。我不情願地走向他站著的窗邊，拖著一種執迷時僵硬、彆扭的步伐。

「看看倒映在波浪上的月光，」他說。

我盯著海面上閃耀的白色細浪，浪花在夜空下宛如鑽石。海洋在黑暗中閃閃發亮，不知是磷光或者只是在波浪上躍動的月光。我和朋友討論了一會，決定那應該就是月光而已。

我離開窗邊，感覺輕鬆一些。放手不是為了操控什麼來獲得自己想要的，而是幫助自己敞開心胸、接受放手與上天賜予禮物的一種方式。

今天，我會記住，我不一定要今天放手，但是如果這麼做，我會更快樂。

1月24日 學習放手

有人說過「放手讓上天決定」，這是克服恐懼或走出鑽牛角尖的絕佳妙方。不論什麼情況，萬物的法則就是順其自然。

——埃米特・福克斯

有個朋友在電腦裡存了一個叫做「光明時刻」的檔案，裡面的文字都是他自己寫的。在這個檔案中，他記錄生命中所有出現過的指引、應驗的祈求與意外的收穫。每當他開始懷疑人世間的良善是否還存在，每當他停止相信人生，每當他感到被遺棄或質疑老天是否明智時，他會打開檔案，提醒自己放手所具有的強大力量和智慧。

有些人會告訴你放手有多麼神奇，想操控或插手別人的事時練習別去干涉是多麼有用，以及停止抓著目標不放、順其自然的效果有多令人驚訝。我還可以告訴你，放手對打造健康、美好的關係有多大的助益。

但這都是我的光明時刻。你何不也來創造屬於自己的光明時刻呢？

不要用力試，不要勉強，不要強求實現。任其自然。讓一切發生。

放手並交給上天。

今天，我會看見放手對自己人生將多麼有助益。

活動：在電腦裡或日誌本上記錄自己的光明時刻。記下自己如何試圖控制某個問題、某個人，或某個事件的結果。然後，練習放手。寫下你用了哪些方式幫助自己。當問題解決或目標達成，或者問題並沒有解決，你卻已經可以毫不費力、平心靜氣且優雅地過好生活時，請寫到日誌或檔案中。當你需要定心丸時，就看看這些光明時刻。

1月25日 你想要什麼？

想像你走到一家速食店，問店員你點的餐好了沒。「請問你點的是？」店員可能會問。「你有預訂嗎？」「沒有，但我想反正你們店裡總會有東西可以吃吧。」

你可能會說，這太荒謬了。都還沒點餐，怎麼能期待店員已經準備好餐點了呢？沒錯。如果你沒說出來，又怎麼能期待宇宙開始為你的人生帶來想要的事物和經驗呢？

你點餐了嗎？也許你在新的一年開始時思考過這件事，但又放到以後有時間再繼續想。然後每一天，你醒來站在人生的櫃台前問：「請問現在有什麼餐？」

如果你什麼也不要求，可能就必須屈就於生命給你的任何東西。何不花點時間提出要求呢？你不用講得非常精確；只要說出自己想要的是什麼。渴望冒險？列入清單。渴望愛？寫下來。這雖然無法保證你一定能得到想要的，生命可能為你安排了其他計畫，但除非你知道自己想要什麼且勇於追求，否則你永遠不知道是否能得到。

今天，我會有勇氣將內心真正的渴望傳達給自己。

1月26日 當一個自動調溫器

我的後陽台有一個溫度計。它告訴我今天是熱還是冷。

我的房子裡還有一個自動調溫器。它不僅顯示天氣的冷熱，也真的能根據天氣，調節室內溫度。如果室內溫度太高，自動調溫器會開啟空調，讓屋子涼爽些，如果室內溫度過低，它則會啟動暖氣。

你是哪一類？你是溫度計，只反映出周遭其他人的態度？還是自動調溫器——決定自己如何行動，且堅持到底？

溫度計類的人通常很瞭解自己的處境；只是他們不會採取任何行動。他們可能被困在某段關係中，感覺非常憤恨與失望。

自動調溫器類的人也瞭解自己的處境，但他們會選擇做些什麼來改變。他們認為自己就在這段關係中，願意付出全力去改善。但必要時，也會選擇離開。

當一個自動調溫器，這代表我們會採取適當的行動來照顧自己。

今天，我會學習對身處的環境做出回應，採取合宜的行動照顧自己。

1月27日 在生活中尋找冒險

去冒險吧。

我們沒必要在第一個我們覺得安全、舒適的地方長久安居下來。

我們可以好好活在當下，從中汲取一切所需，然後振翅往他處高飛。

我不是要你辭掉工作，展開一場背包客的歷險，除非這也剛好是你自己想做的。我的意思是，你也許可以按著自己的心意，去學習烹飪、繪畫、音樂、語言……等任何自己有興趣的事。

找出生活中可能的冒險，計算風險，然後勇於承擔風險吧。

今天，我會找回生活中的冒險。假如我在自己的小世界過得太安逸，我會鼓足去冒險的勇氣，學習活出大格局。

1月28日 信念的力量

我們的信念比世界上任何水晶球或算命師更能精準地預測我們的未來。一本書上說過，一個人心裡想著什麼，他就會成為什麼。注意你的思考和信念。你今天想著並相信什麼，無論是「我可以」或「我不行」，你來日就會實現什麼。

你現在是否抱持某些信念，阻礙著你，或使你停滯不前？你有哪些「我可以」的信念，又有哪些「我不行」的信念呢？

花點時間，檢視自己內心。檢視自己那些堅信不疑的信念。你的人生有沒有哪一個部分可以因為改變想法和信念而受益？如果你想使用心靈的力量，就用這股力量培養正向的信念吧。有時候，一個最微小的信念就足以改變我們整個的人生。

今天，我要相信那些自己認為是正確且真實的事。我會見證並瞭解自己的信念有力量。

1月29日 保護自己不受負能量影響

今天下了一場暴雨，雨滴打在岩石表面激起水花，滑入岩石的凹痕中。由於每一顆雨珠都精確地落入前一顆的凹痕裡，數年之後，岩石上將會開始出現小洞。我環顧附近其他石頭，發現也有相同的情形，經年累月下來被緩慢但不間斷的水滴侵蝕出凹洞。

不良的關係可能就像那場大雨。一開始我們帶著最美好的意圖，想在關係中學習變成更好的人，但後來我們的努力卻被自己選擇的關係一點一點地磨損。不過我們比那些石頭更有優勢。

我們可以自由移動。

也許你一直容許自己的努力被錯誤的朋友、想法或類似的負面影響輕易破壞。但其實你有選擇權。你可以站在負能量的大雨中，慢慢被消磨殆盡，或者你可以找個遮雨棚，例如志同道合的朋友、一本好書、一位精神導師、一位有益且正向的朋友。

注意人生中的負能量大雨。如果連石頭都會被經年累月不停歇的雨水侵蝕，我們勢必得更留意負能量對自己人生的影響。尋找那些有益身心的能量，避開那些會腐蝕意志的力量。

今天，我會提醒自己不受會侵蝕自己信念的負能量影響。我會保護自己。我會身處在正面、如沐春風般振奮人心的能量中。

1月30日 發現自己的優點

看見並注意到別人的優點很簡單。但有時候，看見自己的特質和優點卻沒那麼容易。發現別人的優點是好事。但有時候也要花點時間發現自己的優點，鼓勵自己一下。

我們常聽人說可以從別人身上看見自己的負面特質。你知道，你不喜歡別人的某些缺點，可能就是你不喜歡自己的地方。

通常這也是真的。但別人也會鏡射出我們的渴望、希望、特質和長處。很可能你在別人身上看見且欣賞的特質，就是你自己相同優點的反射。

今天，我要看見人生的善與美，並且留意自己喜歡別人的哪些優點，這樣可以更精確定義自己想要成為什麼樣的人。

活動：從你人生中選出五個你喜歡且尊敬的人。列出他們讓你欣賞的特質。然後，看看這些特質中有幾項你也能用來精準地形容自己。如果你不相信自己已經擁有這些特質，你是不是低估了自己？還是這些特質是你渴望擁有的？如果你從中找到一些新渴望，不妨列入你的目標清單。看，定義並釐清自己夢想的起步是不是很簡單？

1月31日 練習放手

人生中有時候我們可以果決地放手。例如，我們意識到自己正鑽牛角尖或執著在某個特定情況，於是我們就放手。我們將之放下。或者我們遇見一個有問題的人，本能地想保持距離，知道自己沒有責任去照顧那個人。我們說自己該說的，然後我們不自覺地放手，專心照顧自己。

有時候，放手就沒這麼簡單。我們可能會陷入一種好像完全無法放手的情況。我們被某個難題、或某個人纏住，不知不覺抓得越來越牢，偏偏這時候放手才是解決方式。

我們知道自己不應該執著，但我們好像就是無法停下來。

很多年前某一天，我的兒子緊緊抱住我，不想放手。我開始往前傾，失去了重心。

「該放手了。」我的女兒斥責道。

放手有時候會分為幾個階段。有時候放手意味著變得較為警醒。有時候則是開始會深入瞭解自己行為背後潛藏的情緒。學習放手也可能讓自信和自尊提升。有時候就只是練習對事物的狀態心懷感恩。

當你學習與練習放手，請溫柔地對待自己和他人。有時候，放手需要慢慢來。

今天，我會記得放手擁有強大力量，足以改變我的人生並影響其他人。在我將放手融入生活前，我會耐心地對待自己與他人。

二月

放開恐懼與悲傷

放下不合理的恐懼・處理恐慌和焦慮・別讓恐懼擾亂自己的平衡・直視自己的恐懼・放開恐懼・瞭解你自己・重新開始・你並不孤單・希望一直在・讓朋友陪伴你・快樂是你的天命・為生活找樂子・自得其樂・往岔路探險・停止推卸責任・學著自由飛翔・踏出舒適圈・跟著直覺走・好好體驗人生・放下膽怯

2月1日　恐懼是看待未來的一種偏見

有時候，我們無法選擇自己要經歷什麼。我還記得我兒子過世時，我坐在醫院病房床邊，知道自己接下來的人生將失去光彩。「老天啊，」我心想，「我不想經歷這些。再三個月或一年我也不會好。我會帶著遺憾度過餘生。」

我也還記得和孩子父親離婚後，一個人站在法院外的停車場。我深呼一口氣，感到振奮且自由，但接著隨即被恐懼和擔憂淹沒。天啊，我現在是要扶養兩個小孩又一貧如洗的單親媽媽。

有時我們自願往門外走去。有時我們是被推了一把。

感受你的恐懼，然後放手，讓它離開。恐懼只是看待未來的一種偏見；在檢視過所有的可能性和機率後，我們可以預先決定自己將經歷什麼最壞的情況。所以，也放開你的恐懼吧。

如果你感到侷促不安，沒關係的。問問自己你在這裡是要做什麼，然後往門外走去。看看當你走向未知並感受完全活著時有多麼熱血沸騰！

今天，我會深呼一口氣，然後勇敢踏出門外。

2月2日 放下不合理的恐懼

有時候，我們面對危難時會想大喊，這是人的本能，是在處理自己的恐懼。恐懼可以是好事。它會提醒我們有危險並保護我們。有時候我們的恐懼比生命還巨大，而且超出了必要的程度。

我們很多人都曾有過感到恐慌和焦慮的經驗。這沒什麼好丟臉的。但我們可以多補強一點事實的部分，好讓自己冷靜下來。畢竟，也許我們沒有真的溺水。也許我們要做的只是坐起，然後站起來。

跟自己解釋，你的恐懼並不切實際，你不需要那麼害怕。

與其大聲呼救，讓自己心煩意亂，不如學習讓自己冷靜下來。

今天，我會放開那些阻礙我過正常生活的不合理恐懼。

2月3日　別讓焦慮主宰自己的生活

很多人都有不安或焦慮的經驗。或許你也曾經遇過。可能你只偶爾遇過一、兩次；或許你經常在生活中有這樣的經驗。我認識的多數人都經歷過恐懼。

以下是一些我學到能有效處理這類狀況的小技巧。

・**呼吸**。每當我們感到恐慌，我們的呼吸會變得淺短且異常。這時盡可能放慢速度、冷靜地呼吸，可以舒緩恐慌。呼吸越急促，恐慌感就會越加劇，因為此刻我們讓身體處於極度的警戒中。所以如果我們是在放輕鬆的狀態下呼吸，身體自然也會開始慢下來。

・**不要用恐懼回應你的恐慌**。有時候我們對自己最初的反應會做出情緒性的回應，讓情況雪上加霜。我們害怕，是因為我們感受到恐懼。儘量讓自己在面對最原初的感受時不要產生回應。

・**不要專注於恐懼，而是意識自己有此感受，但刻意做其他事讓自己冷靜**。你通常不會想這麼做。你的恐慌希望你做些能助長它的事。這時候，不妨做一些撫慰心情和靜態的活動，即使你覺得那不是自己的作風。例如你可以讀一篇文章、聽一些輕柔的音樂、沖個澡或散個步。我們都有能讓自己冷靜的方式。找出對自己有效的方法。

如果恐慌和焦慮仍持續困擾著你，請尋求專業協助。但若它們只是偶發出現，你自己就能幫助自己了。我承認自己面對恐慌和恐懼時很軟弱，我的人生曾因此失去控制。

別讓恐懼主宰自己的生活。將征服恐懼視為一種目標。

問問它們想傳達什麼給自己。你可能正展開一段新的人生旅程，而你的身體只是對此做出反應。或者這些恐懼背後潛藏了某些情緒，是你不想看見的。也或者只是你和你的生活改變得太快，遇到的每一件事都是全新的。不論如何，此時此刻請溫柔且充滿關愛地對待自己與他人。

今天，我會接納生活中一切新的經驗。我會有勇氣，冷靜地堅持走自己的路，並瞭解自己就在對的地方。

2月4日 別讓恐懼擾亂自己的平衡

在地上放一根平衡木，走過去，不能跌倒。很簡單，對吧？現在，在平衡木下方放一些磚塊，將它抬高離地幾公分。再走一次。這次比較難一點了吧？現在想像把同一根平衡木懸掛在和屋頂一樣的高處，下方沒有安全網。你願意再試一次嗎？

磚塊疊得越高，我們就越難保持平衡。這就是恐懼在我們生活中運作的方式。

當我們面對生活中簡單的情況，做對的事很容易。但當風險越來越高，就很難只專注於事情本身。我們會先預想很多的「如果」，顧慮如果自己摔下來會怎樣。

檢視你生活中每天必須走過的平衡木。你是否讓「害怕發生最壞情況」的恐懼，破壞了自己的平衡？將事情放回地面上思考。失敗很少真的會造成永久的傷害。

拿掉你腦中想像可能摔落的恐懼，單純地走過平衡木。

今天，我不會讓恐懼破壞自身的平衡，而是去完成必須完成的事情。每一天我都會單純且輕鬆地做對的事。

2月5日 直視自己的恐懼

檢視自己的恐懼。

有時候我們怕的是特定的事物。有時候我們怕的是未知。有時候我們只是害怕，因為那是我們平常的直覺反應。

你感覺緊張、焦慮、心煩意亂嗎？現在是什麼讓你害怕呢？和自己來一段小對話。看看自己害怕的是什麼。你正開始一段新關係或新工作嗎？有哪些風險呢？可能最壞的情況是什麼？有時候檢視自己的恐懼會有幫助，記得一次一個。我們不必在負面思緒上不停打轉，但我們要確認自己願意承受可能的風險。

接著看看另一面，看看所有潛藏的正面可能。承擔風險能獲得什麼呢？成功帶來的成就感是否超越了可能的損失？

我們可能會跳出來說，不，我選擇不要冒險。又或者，我們可能直視著風險說，好，我遇過更糟的，這次我也能承擔下來。

如果恐懼籠罩住你，直視它。看看是什麼讓自己害怕。然後看是選擇撤退，或正面迎擊。

今天，我要一個個釐清自己的恐懼，然後決定自己要承擔哪些風險。我不會只有勇無謀，也不會怯懦。

2月6日　在中間地帶中歡欣

人生中有所謂的中間地帶，是指你在人生旅途裡某個讓自己感到不太自在的地方，你已經離開原地，卻也還沒到達目的地。

讓我們來看看這個地方。現在，我們暫且將這個地方稱之為空無之地。再想像當你背後的那扇門已經關上，自己站在漆黑的長廊裡，而又沒有任何其他門開啟的那一刻。或者想像，你放開任何自己一直緊握的東西，空手站在那裡。

擁抱這片空無。這個美好的中間地帶擁有創造任何事物的鑰匙。在〈創世紀〉中，上帝最初也和你現在一樣，面對的是一片空無。是空無的某種力量和神祕創造了這美好的宇宙。

如果你正處於某個中間地帶，別只是被動接受。請在這個地方喜樂、擁抱這個地方、開心自己有機會待在這個創造自己未來經歷的發源地。放鬆進入這個中間地帶，讓創造的力量動起來。

今天，我要擁抱這個空無之地，讓它為我帶來應該屬於我自己的事物，而不去強求不屬於我的東西。

2月7日 讓恐懼離開

放開恐懼。

將恐懼視為一種感覺，確認、接受，並且承認它。然後放開它。做任何你該做的，好讓它從你身上離開。因為恐懼不只是一種感覺——它的確是一種詛咒。

我們會用名為恐懼的灰暗毯子蓋住自己的生活數小時，有時候數天、數個月，有時候甚至數年。我們說服自己有些情況很可怕。然後我們的預言就會成真。

恐懼讓我們無法活在當下，讓我們活在尚未抵達的未來，而且一點也不快樂。

未來還有很多你不知道的好事。你的力量會發揮，而且你有能力直覺地處理各種情況。另一方面，在你還看不見的經歷中，有某個功課、某個正在脈動著的潛在力量等待著你。這個不在你計畫內的經歷可能會帶來令人欣喜的結果或機會。或者這個經歷就只是你成長必經的過程。

如果你因為活在恐懼中而感覺受詛咒，將詛咒從自己身上拿開。

今天，我要敞開心胸，讓人生中的每一刻充滿潛能。

2月8日 留意那個歡呼

那不是在飛……那是墜落，優雅地墜落。

——伍迪，《玩具總動員》

跳傘中有個術語叫團體接力。意思是你控制自己自由落體的速度，與空中其他跳傘者一致，成一個隊形墜落。

「我們正在飛，」一位跳傘客說，往下跳時的腎上腺素讓人興奮，「肩並著肩。」

「你當然是，」我說。「但相對於地表，你正在墜落。」

在當下陷入興奮的情緒很簡單。但也請別忘了謙卑和現實。我們可以採取對的行動、肯定自己、實現自己的夢想，但我們的計畫必須腳踏實地。

真心地找一條路，走下去，好好做，樂在其中。但也請留心雖然你感覺自己正在飛，卻可能有一顆綠色大行星硬要跟你作對，以兩百公里的時速朝你衝來。

要有自信。然後記得永遠有比自己更強大的力量存在。

今天，我會記得踏實且謙虛地做每一件事。

2月9日 瞭解自己

有一天，我旅行至聖地的一個小鎮。雖然我只匆匆經過這裡，但某件奇妙的事卻發生了。從我到這裡以來。我可以聽見自己每一個想法。我精確意識到自己每一分感受。但我卻感到孤單，感到無聊。

「哪邊出問題了？」我自問，「為何這趟旅行到現在我還沒認識半個朋友、與任何人建立連結？」

「不，妳有，」我聽到一個溫柔的回答。「妳已經與自己建立連結。」

這時陽光照亮天際，在一開始五彩繽紛的短暫片刻，一束束光線穿透窗戶照進來。我住的旅店樓下庭院飄來笛子的樂音。或許就算我們感到無聊與孤獨，世界仍安然美好地運轉。

花點時間寫日記、默想，或兩者都做。你會在人生旅途中遇到有趣、令人興奮的人。你也會開始瞭解自己。

今天，我要迎接人生中安靜空白的時刻，並視之為與自己建立連結的機會。

2月10日　逢難時也要走下去

「一旦踏進沙漠你便無法回頭，」趕駱駝的人說。「你無法回頭時，就只需要思考怎樣是走下去最好的方法。」

——保羅・科爾賀，《牧羊少年奇幻之旅》

有時候我們能從某些狀況中輕易脫身。我們和某人約會，感覺不對，便不再見面。我們接受新工作，結果不是自己預期，便離開另尋他路。我們甚至可能與不適合的人結婚。若是沒有小孩、沒有財務牽扯，那就只是個錯誤。我們覺得很抱歉，其中或許參雜一些情感，但改正錯誤相對無痛與簡單。

有時脫身並不容易。我們不僅約會、結婚，還有孩子，然後發現自己錯了。

這些情況迫使我們屈服。這時候我們會開始思考自己的命運。如果人生來到無法回頭的時間點，唯一的辦法就是走下去。

順服於這些經驗。你或許連討價還價的機會都沒有，也非自己所期望。無論如何請鼓勵自己。命運就站在眼前，你將展開一場心靈冒險。

今天，我會溫柔地善待自己與他人。我會有勇氣、智慧、毅力與風度，學習此生所要學會的功課。

活動：寫下你的人生故事。花點時間寫下來，你會更認識自己。

2月11日 **悲傷**

從沒人告訴我悲傷的感覺與恐懼那麼像。我不懼怕，但感覺就像懼怕。相同的緊張，相同的焦躁不安與張嘴呼吸。我持續相信。……（我認為）危險的不是自己可能不再相信上帝。真正危險的是開始產生關於祂的可怕念頭。我害怕的結論不是「所以根本沒有上帝」，而是「原來這就是上帝，別再自欺欺人」。

——C.S. 路易斯，《卿卿如晤》

你不可能準備好承受最深沉的悲傷：承受當摯愛離開的椎心之痛與生活崩解之苦。這種事沒人能教我們。那些能教、瞭解箇中滋味、能詳細描述的人不會這麼做。他們不會貿然侵犯這個我們與摯愛之間關係最親密的部分。那些輕易說出「你還沒走出來嗎？」的人，不會懂。

關於悲傷我只能告訴你：如果有一秒、或一刻，當你懷疑或知道自己被所愛的人深深背叛，你開始感受到撕心裂肺的痛苦，你的世界變得可怕地難以承受，以至於你有意識地選擇否認與忽略，而非接受，那麼這種感覺是悲傷的百萬分之一。

悲傷不是異常現象，卻也不能用言語解決。它自成一個宇宙、一個世界。如果你被召喚進入這個世界，就不能回頭。我們不被允許拒絕它的召喚。悲傷不像任何東西，可能較類似的唯有大海一波波的浪花。對未受過訓練的雙眼來說，每個浪看起來都一樣。但不是。沒有哪兩個浪是一樣的。每個浪都帶走一個舊的，並且帶來一個新的。

不過，無論我們相信與否，慢慢地，幾乎無從察覺地，我們會開始改變。

今天，當我無法集中意志和力量照顧自己，請上蒼照顧我，讓我改變，如果不能在轉瞬之間，那就在悠悠的年歲光陰中，讓我漸漸改變成為一個新的自己。

2月12日 重新開始

我們要重新開始多少次？

生活中有許多改變都代表著一次重大的結束或開始，例如：死亡、出生、畢業、交朋友、結婚、離婚、搬家、失業或開始一份新工作。我們環顧四周後心想，又來了。我又重新開始了。

有時候一開始我們會跟不上。有時舊去新來，我們卻感覺日復一日與舊日子沒什麼不同。有時候我們感覺人生突然停擺。無論我們相信不相信，當一個循環結束，另一個新的就會開始。

如果你熟悉的生活正在消失，是時候該放手了。

即使你現在看不到，或許你也無法看到，但一段新的人生正開始準備接手取代。你與自己的人生會一直在轉變。

我們要重新開始多少次？在我們所知的生命結束前，一直都會有許多次重新開始。

大喊一聲「耶」！然後你又重生了。

今天，我會相信如果自己熟悉的生活正在消逝，前方會有另一個新生活在等待著我。我會有耐心並信任自己。

2月13日　你並不孤單

我的心臟感到一陣灼痛。我人生從未感到如此孤獨與寂寞。我知道往後的道路我必須自己一個人走。稍晚，一位護士走向我。「接下來會很辛苦，比妳想像的還辛苦，」她說。「大概要花上八年，但妳做得到。妳會撐過去，我知道。我也曾失去一個孩子。我女兒過世時才九歲。」

人生有些路註定要我們自己一個人走。親朋好友能給予的是陪伴、慰問與提供協助。但我們即將踏上的旅程只能、也只屬於我們自己。身邊的人看顧著我們、伸出援手，甚至說他們瞭解我們的感受。但我們踏進的世界是自己的、也只有我們自己。

慢慢地，走在這條生命將我們強推上去的路上，我們開始看到幾張臉的輪廓，在遙遠的那端朝我們揮手，為我們加油。我們繼續往前走，那些臉龐和形體逐漸變得清楚。不久後，我們會發現自己置身人海中。這些人都從哪裡來？我們納悶。我們一直以為自己是一個人。

不論你正走在什麼路上，前面都已經有人走過，後面也還會有人走來。你踏出的每一步都只屬於你自己，但你從來、從來都不孤單。

我們經歷與做過的事都有其意義——有時候重要性比我們所知道的更大。

今天，無論我正經歷什麼，我會看見沿途其他同伴的臉龐。

2月14日 希望一直在

有天我正意志消沉坐在新家。它是我和孩子夢想中的家。問題是，我的孩子在交屋隔天過世了。快遞先生這時送來一個大紙箱。我沒有打開。當時我對任何事都提不起勁。我傷心且憤怒。我不知道人生還能如何再次具有意義。我唯一想要的是我兒子平安活著，但這永遠也無法實現。

終於，有一天我打開這個紙箱。裡面全是動物玩偶。一隻毛茸茸的綠色大鸚鵡坐在最上面。它們看起來不像是全新的，但卻是快樂、令人愉悅的小東西。裡面有張紙條寫著：

「我的工作是回收動物玩偶。我把它們帶回家洗乾淨。我聽說了妳兒子的死訊，我想送給妳一箱小動物玩偶，或許會有什麼幫助。」

從那時之後又過了數年。我丟過無數東西。但有一件我始終留在身邊，就是那隻有毛茸茸大嘴巴的綠色大鸚鵡。

它能溫柔提醒我，即使像我那樣曾經破敗不堪的人都能獲得重生。人生中有些事是真的，不論我們相信與否。

希望就是其中一件。

今天，我會相信自己，我會走過那些自己失去信念時的困境。

2月15日　讓朋友陪伴你

某天在遊樂場邊，我吃著棉花糖，看著旋轉木馬忽上忽下，轉了又轉。在我面前有個小女孩，含著淚，拖住步伐，極力說服媽媽說她不要坐旋轉木馬。但媽媽堅定地哄著，最後達成協議，媽媽和女兒一起玩。

然後音樂開始了。突然間，她們像是兩個五歲小孩，隨著躍動的木馬尖叫與大笑。我也笑了，坐在長椅凳上觀看著。

「再一次，媽咪，我們再玩一次！」小女孩笑得興奮。於是她們又去排隊。因為放下了恐懼，女孩感受到新體驗帶來的驚喜與刺激。因為幫助女兒克服恐懼，母親也重溫了童年的喜悅。

在人生中，有些時候我們會懼怕，有時我們需要一位朋友給自己勇氣，有時我們是那個給勇氣的朋友。感激那些幫你找回力量的人，感激那些你幫朋友找回勇氣的時刻。

所有人都是贏家，而且有時候，分享的喜悅最甜美。

今天，我要對人生沿途所遇到的人伸出友誼與力量的援手。當我害怕時，我也會放下驕傲，尋求朋友的陪伴。

2月16日 快樂是你的天命

亞當被逐出伊甸園，才能有世人；成了世人，才能有快樂。

——摩門經

在伊甸園裡，人類最初是完美的、永恆不變的，從未感受過疾病或分離之苦。在離開伊甸園之後，我們才學會快樂與痛苦的區別，並真正瞭解快樂的意義。

快樂不單是沒有痛苦，而是在混亂中擁抱生命。

快樂地生活，就是充分意識到世界上每一個生命有多麼短暫——每一刻、每一句話、每一個日出有多麼珍貴。

每一天都是一段新冒險的開始，一個活出最豐富人生的機會。

看看周圍，發現生活中的樂趣。

畢竟，這是你在這個世界的目的。

今天，我會找出並創造人生中真正的快樂。

2月17日　為生活找樂子

紀律和專注的重要性毫無疑問，玩樂也是。

只要一點努力，我們就能從大部分生活中汲取出快樂和樂趣，不論是親密關係、工作，還是閒暇時刻。常常我們會對每件事設下太多限制與應該，人生因此變得枯燥乏味、過度謹慎與制式化。不久後，我們發現自己遵循一套不確定從何而來、也不知道訂定者是誰的規範在生活。

放輕鬆。享受一下人生。或是，盡情享受人生。

如果你過了好幾年極度自律、安穩且理智的人生，或許找些生活中的樂趣是讓自己保持平衡的方法。

找出你在今年寫下的目標清單，在上面加上一條準則：在未來幾天、幾月、幾年裡，盡可能玩得開心與愉快。

是時候為生活找點樂子了。

今天，我會找回生活中的樂趣和快樂。我會在工作、親密關係、玩樂中享受人生。

2月18日 記得如何去玩

我們不因年老而停止玩樂，我們是因停止玩樂才會變老。

——赫伯特・斯賓塞

我們可以玩樂，也可以不玩樂。

不論哪種都沒太大差別，唯一不同的是，最後，如果你放手去玩，你的人生會過得更愉快。

今天，我會開始去玩樂。

2月19日　自得其樂

房子的翻修進度遠遠落後。壓力讓我後腦勺隱隱作痛。

一位朋友從前門走進來，把我推去蒸氣室。

我在裡面，忘了屋子的天花板還沒完工，也忘了牆壁尚未粉刷。

我們無法永遠掌控計畫的進度，但我們可以在過程中找樂趣。

用新的角度看事情。笑口常開。對此刻自己所在之處懷抱感恩。

別老擔心要趕著未來的進度，而是尋找當下生活中的喜悅。

今天，如果我看不見生活中的樂趣，我會試著再看一次。

活動：今天，去一趟玩具店。買個吸引自己或有點好笑的玩具，例如機械拼裝模型、豪華玩具診所。

打破舊框架；從新的視角看生活。學習如何玩耍，像小時候一樣。

2月20日 往岔路探險

從你進入森林後，冒險才真正開始。你必須帶著信念踏出第一步。

——米奇・哈特

有天我和朋友開車在山裡迷路了，折騰許久後，我們遇到一位牽著自行車上坡的老先生。我們問他：「從這裡走出去還要多久？」

「這個嘛，」他回答，「你們進來多久了？」

「我們不是從這一頭進來。」

他露出困惑表情。「那你們是怎麼到這裡的？」

「我們開過那座山脊。」

他不可置信地搖搖頭便往前走。

二十分鐘後，我們來到另一座大門前。手機開始收得到訊號了。GPS說總之我們還在地球。

有時候在我們偏離路線，駛入陌生之地，試試最後會通往何處時，我們才能體驗最奇特的冒險。

今天，我會記得不必一直跟著地圖走。我會具備冒險精神，為自己的人生添加一點精彩回憶。

2月21日 送一個大喊給自己

敞開心胸接受生命中的新體驗。如果它不至於危害生命，不妨就去試試，即使那看起來有些詭異。別怕自己看來荒謬可笑，出點小糗，偶爾「啊啊啊」放心地喊出來，是不要緊的。

你最近有大喊過嗎？有沒有在目標清單上計畫一個送給自己？或從垃圾堆中找一個回來呢？穿上溜冰鞋、買個衝浪板、拿出你的球鞋。點在菜單上自己從未點過的餐；繞道走另一條路。尋找驚喜；然後將之帶入自己的日常世界，振奮一下自己的心情。

大喊「耶！」的時候，就是我們會一輩子記得的時刻。

今天，我會在日常生活中放入一點歡呼聲，讓心情振奮一下。

2月22日 停止責怪

「世界上有兩種人，」一位朋友告訴我。「一種人是什麼事都責怪別人，一種人是什麼都責怪自己。」

責怪是悲傷或放手過程中一個有所助益的階段。但在此階段停留太久就會毫無作用，妨礙我們採取有建設性的行動。

責怪自己太久可能會轉為自我厭惡；責怪別人則會讓自己因憤恨變得沉重和陰鬱，讓我們內心自認為是受害者的那一面更加嚴重。

若你正經歷一場失去，或生命讓你走得曲折，拿起你的「責怪噴火器」，在日誌上宣洩。給自己十或二十分鐘放肆地大罵。全部傾吐。想罵什麼就寫下來，無論是對他人或自己。

若是較重大的失去，需要的時間會多一些，但重點是給自己一段有限的時間發動砲火猛烈攻擊，然後停戰。就此收手。往前邁入下個人生階段，也就是放手、接受、對自己負責。

今天，我會檢視自己是否正在責怪自己或某個人。若是，我會盡情發洩後，釋懷並放下。

2月23日 學著自由飛翔

當你決定要掌控自己的人生，然後會發生什麼？一件可怕的事：你無法怪罪別人。

——艾麗卡・瓊

計畫不如預期時，我們永遠都能找到代罪羔羊：「我本來可以賺更多，但今年太不景氣。」「嗯，那聽來很棒，但是我的治療師說，我應該避免給自己太大壓力。」「我想做，但我先生不喜歡這個想法。」

將人生交在自己手上，決定你是否願意對自己一切的行動與選擇負責，這個光用想的就很駭人。為自己行為完全負責帶來的自由很美妙，但有時又令人害怕。有時候我們會犯錯。有時候我們會失足跌倒。可是，噢，當你終於有找對方向那種感受，當你決定踏出那一步，就奏效了！這時你會發現自己背上那對脆弱的蝴蝶羽翼不只是裝飾品。你可以飛的！

掌管你自己的人生。為自己的行為負責。反正最終為自己做選擇的沒有別人，只有你自己。享受自由。這是你一直擁有的。

今天，我會為自己的行為負起全責。請上天給我指引與力量，引導我踏上自己內心與良知選擇的道路。

2月24日 在生活中尋找冒險

……冒險不是建立在遙遠異地或在高峰上，而是願意捨棄溫暖的地方，換到一個充滿不確定的停留處。

——梅斯納，《自由的靈魂》

我們不一定要環遊世界才算冒險。冒險取決於自己的觀點和心態。我們能擁有多少冒險，端視於自己面對生活的態度，而非生活的環境。對一個人來說，冒險可能代表追尋長久被遺忘的夢想。對另一個人來說，那可能是瘦身、變成熟、學習愛人與被愛，或單純體驗快樂。

讓自己過得舒適很好，但別在暖爐前待得太舒服，而再也不想成長或改變。流水不腐，戶樞不蠹，人的心靈也相同。我們被賦予生命就是要用來生活。

審視自己的生活，看看能從哪裡找到充滿不確定的停留處，也許是在工作、親密關係，或心靈成長上？有些新的或被遺忘的課題，或許正等待你去探索或重新發現。

踏出舒適圈一段時間，學習與體驗新事物永遠不遲。

今天，我要在追尋人生的同時，慢慢培養冒險的精神。

2月25日 跟著直覺走

我將同時性定義為一個外在事件同時觸發了內在的覺知。這和那些重要的巧合有關。例如當你試圖解決一個問題，某人「剛好」來電，對話過程中這人「剛好」給了你問題的線索或答案。

——南希・羅莎諾夫，《跟著直覺走》

有天我和友人聊天。那時我正在撰寫新書的收尾部分，但不知該如何下筆。

「我能做的事情我都做過了。」我說。

「我知道有件事妳想做但沒做過，」友人說。

「什麼事？」我說。

「妳還沒有跳過傘。」

當時我不以為意。幾天後，電話響了。有人來問我想不想嘗試跳傘。

幾個月後，我真的和朋友出發，體驗跳傘。我真的從飛機往外跳了。

相信你的內在指引。傾聽他人說的話，留意觸發自己內在智慧的徵兆。

今天，我要以開放的心態，接納上天用各種方式引領我前進。

2月26日 體驗好玩新鮮事

我們會做蠢事，但做的時候會充滿熱情！

——柯萊特

成長會自我延續。每一個新的經驗會帶來另一個新的經驗。

今天，回想你只做過一次但很喜歡的事；然後再做一次。回想生命中所有的第一次經驗，讓你的心充分去感受不確定性。不必與工作有關，或許是不看手機，而去看一齣表演；到野外露營；或寫詩。找個樂趣十足的活動，再做一次。

然後，將曾經有過的感受重新帶回日常生活。讓第二次體驗時的歡欣為你帶來第三、第四、第五次的歡樂和滿足。

在人生中好好過生活。

今天，我要回想起自己喜歡做又有趣、好玩的事，然後從椅子站起來，開始去做。

2月27日 好好體驗人生

畫餅無法充飢。

——古諺

我們可以彼此分享經驗、力量和希望。但我不能代替你學習你要學的課題，就像你也不能代替我學習我該學的課題。

我寫這本書的時候，正規劃去西藏旅行。我的旅程會像網路上的照片中那麼棒嗎？我不知道。我只知道，光是看著照片，無法經歷那些視覺、聽覺、味覺、嗅覺饗宴與對心靈的洗滌。

你是否曾試圖從一張活動的照片（或者從閱讀書籍、參加課程、加入研討會、尋求良師益友的建議）獲得精神上的支持，而非真正踏出戶外，親自體驗人生？

再檢視一次你的清單，那份你自己在年初時列下的清單。從中選一樣出來做。

別只看圖片，為自己好好體驗人生。

今天，我要活出充實的人生。

2月28日 為自己體驗人生

我們從實踐中學習，這是唯一方法。

——約翰・霍特

花時間研讀或聽課，學習如何做好這個或那個是一回事，例如，如何擁有一段成功的關係、建立一份事業、生活得更充實，各種如何如何。但是學習真正的訣竅在於最終放下書本、離開課堂，實際去做。

獲得資訊、支持和鼓勵是有益、也有必要的。

但生命是用來真正去活出來，而非鑽研。想擁有成功事業、擁有親密關係和培養嗜好的唯一方法，就是走出家門，為自己勇敢去做。

今天，我會勇敢承擔風險，去做自己想學習去做的事。

2月29日 放下膽怯

人生就要活得精彩！

——布萊迪・邁可

有時候，那是我們聽過最棒的建議。不管輸或贏，勝或負，就是勇往直前，堅持到底。我的飛行教練在第一堂課告訴我，「一手握油門桿，一手握操控桿。」「啊——！」我在前幾堂課飛機升到空中時都會大叫，但我還是將油門桿往前推到底。

有時候謹慎一點是明智的，而有時候我們能做的最好選擇，或者我們唯一能做的，就是活得精彩，勇敢去做。邀心上人出門；要求升遷；認真地說不；學開賽車或征服一座高山；學浮潛或衝浪。

直到你開始去實現，夢想才會真的是夢想。然後它們就會成真。

不用刻意去尋求過哪種生活。你已經身在其中。好好享受，活出多采多姿的人生。

今天，我會拋下恐懼和怯懦，學習活出精彩人生。

三月

學會說「隨它去」

別讓情緒沸騰・別認為暴風雨針對自己而來・包容差異・別讓憤怒主宰人生・放下防禦・辨認是誰在操控・學會應對操控・瞭解自己的界線・這就是人生・失控時說隨它去・發現你不知道的自己・放下控制欲・放下他人的看法・放下未來・放下比較・放下仇恨・用最多的愛說隨它去・放自己自由・放下結果・成全・順其自然

3月1日　學會說「隨它去」

一九三七年，作家埃米特・福克斯為《尋找與善用你的內在力量》一書中撰寫了一篇標題為「別當悲情女主角」的文章。

「自憐，為自己感到遺憾，似乎能暫時逃避責任，但這無論如何都是致命毒藥，」他寫道。「這會使你的感覺混亂、理智受蒙蔽，並任由外在環境擺布……別當悲情女主角——不論你是男人或女人，這無關性別而是內心狀態。要斷然拒絕戴上殉難者的王冠。若你無法嘲笑自己（這是最佳良藥），至少試著客觀看待困境，就好像那是別人的事一般。」

若有必要，就把苦說出來。你可以說：「這真是個噩夢。」甚至也可以說：「天啊，我無法相信會有這種事，更別說發生在自己身上。」

但不論你是冷靜地說、放聲大笑地說、咯咯傻笑地說、或悲天憫人地說，在未來幾天、幾個月、甚至是幾年，學習放手也意味著學會說「隨它去」。

今天，我會放下非得讓人生充滿戲劇性的偏執。

3月2日 別讓情緒沸騰

「我的債主今天來電，」某天一位友人跟我說。「我最愛她打電話來。每次她打來，我們都能好好吵上一架。她說我欠她公司錢。然後我說我知道。她告訴我該還錢了。我說我也知道。然後她問為何我不還錢。我說，上個月我告訴她我只能一個月付美金二十元，那時候她說太少了別寄過去。這時我們會開始吼對方，她大嚷著要我去找份工作。我兇回去說自己正在努力，而且她也該找份更好的工作。然後我們會互掛電話，直到下月她又打來。」

我們有些人會刻意製造戲劇性來宣洩情緒，讓情緒沸騰，為生活注入一些元氣。有時候我們會惹麻煩自找苦吃。但將家裡變成戰場會讓大家都不好過。

有時候當我們承受壓力，會只想將情緒大大釋放。此時除了常見地找人大吵一架，好像也沒更好的方法。這時你要確定的是，別把你希望是朋友的人變成敵人，而且也要檢視一下，自己沒有將情緒垃圾倒在無辜的旁人、愛人、家人或朋友身上。

今天，我會改掉在生活中製造不合理戲劇性的習慣。我也會確保自己不將壓力發洩在所愛的人身上。若我正這麼做，我會想辦法找出另一種宣洩情緒的方式。

3月3日　別認為暴風雨針對自己而來

有時候，人生的暴風雨並不是針對我們而來。

有時候，朋友或我們所愛的人會無緣由地攻擊我們。他們會小題大作、發脾氣或怒聲說話。我們問起原因，他們會說：「噢，對不起，今天我在外面不太順利。」

但我們仍覺得很受傷與難過。

讓每個人對自己的行為負責。別讓他人欺負自己，但也別認為他人人生中的暴風雨是針對自己而來。這些風暴有可能和你完全無關。

必要時尋找庇護。遠離情緒不穩定的朋友，直到他們有時間冷靜下來；然後等到安全時再靠近。若暴風雨與自己無關，你什麼也不必做。想想看，你會站在大海裡伸開雙手，試圖阻止海浪前進嗎？

請說：**隨它去**。讓暴風雨侵襲自然過去。

今天，我不會被朋友或所愛的人在生活中遭遇到的暴風雨所影響。

3月4日 包容差異

我花了很多時間才瞭解到，雖然我們與他人會有一些共同點，但每個人仍獨一無二。我花了更多時間才明白，如果把這點落實到生活中，就必須學習包容自己與所愛之人間的差異。只因為我們和某人有共同點，甚至認為我們因此而相愛，並不代表每個人都該變得相同，或有相同的回應。

我們往往在親密關係中，試圖讓對方按照我們自己希望的方式表現。將我們自己的意念強加在他人身上，終究會成為對方沉重的負擔，也會讓愛窒息。當我們試圖改變他人，便忽視他或她的天性。這代表我們不珍惜對方與自己的差異，因為我們忙著將這個人改造成另一個人。

包容差異，但不要只是包容。要欣賞差異。

今天，我會瞭解，放下控制慾將為我的生命帶來豐厚的禮物。

活動：這是要幫助你包容並欣賞自己與人生重要的人之間的差異。這個重要的某人或許是小孩、配偶、摯友、同事或父母。在紙上最上方先寫下你的名字，接著在旁邊寫下對方名字。然後列出你們的共同點和差異。或許其中一些差異是你想擁有的特質。或許那只是對於人生不同的面對與回應方式。也許你們的理念與行為互不相容，在這人身邊你真無法接受。至少，這份清單能讓你瞭解可以在哪些地方試著放手。

3月5日 別讓他人的憤怒掌控自己

不論我們稱之為憤怒狂、暴君或惡霸，這世界上有很多人藉著暴躁的脾氣到處橫行。我們發現自己在這些人身邊會本能地變得小心翼翼，祈求上天我們不會觸怒到他們。

憤怒是能量很強的情緒。但我們不需要任由他人的憤怒掌控自己的人生。若你認識或所愛的某人是惡霸或暴君，別接受他們的情緒。別再小心翼翼，讓他們的憤怒掌控你的每一步。別承擔他們的問題，試著換個做法，把這些惡霸的問題丟回去。

你會如何處理憤怒？在生活中，是否有某個人會用憤怒控制著你呢？該是時候放下害怕觸怒他人的恐懼了。

如果你正處於危險情境下，請用盡各種方法，快離開。假如你容許自己被害怕他人情緒爆發的恐懼所控制，那就在火山爆發時學著說「隨它去」吧。

今天，我不會讓他人的憤怒（包括自己的）主宰自己的人生。

3月6日 中和衝突

除非你想大吵一架，否則別做任何惹怒他人的事。

要與憤怒或意見相左的人和諧共處有個訣竅，就是和他們說話時盡量保持放鬆，對他們的感受和觀點感同身受。這不代表你必須接受他們的奇怪想法，而是意味你是思緒清晰且專注，能讓其他人安心做自己。

認為每個人都該與自己有相同思考和感受是天真且自我的想法。相信每個人都會認同自己的觀點也很荒謬。一個人思想變成熟的徵兆之一，就是瞭解每個人都有獨立的動機、慾望和感受。

「遇到言語攻擊時別以言語反擊，你該做的第一個回應是站在對手的立場，從他或她的觀點看待當下情況，」喬治・隆納德在《合氣道秘笈》中寫道。「這麼回應，無論肢體或言語，都能消除敵意，讓攻擊者失去瞄準的目標。利用此方法，你能在回應任何一種攻擊時為自己創造更多選擇。」

若堅持己見的人試圖激起我們回應或沒有和解的意圖時，我們還是要藉著保持放鬆、讓對方做自己，化解衝突。這是委婉表達隨你吧的方式。此時表達反對的意見只會挑起無意義的爭論。

今天，我會慷慨接受其他人做自己。我會放下防禦，知道如何站在他人立場設想卻不失去自我。

3月7日　辨認是誰在操控

這很諷刺：試圖操控你的人其實認為你比他們優秀與強大。

——喬治・格林與卡洛琳・珂特，《別讓自己任人擺布》

此書作者描述操控為：當某人試圖控制你的感受、行為或思想，並且未經過你的同意，而使你感到不舒服的狀況。

我們大多數人在某些時候，都會利用操控獲取自己想要的。有時候我們的操控是無害的，甚至有點可愛。雙方都知道即將發生的操控無傷大雅，基本上也都願意滿足操控者的慾望，例如晚餐約會、看電影等等。

而有時候，操控的風險較高且被控制的對象並不認同。此時傷害便可能產生。當我們不知道自己要什麼，當我們沒有清楚讓對方和自己瞭解我們的感受，操控的氛圍便瀰漫在空中。

有時候，操控是有意識且刻意的。但有時候，操控是無意識、模糊的企圖，為的是想獲得我們想要的東西。

「讓我們簡化操控的定義，」上述的作者說。「如果某個狀況讓你感覺很差，其中就可能牽涉某種操控。」

有時候我們試圖去否定的感受，正是我們最需要用來照顧自己的感受。

下次，若你遇到讓自己感覺不好的情況，花點時間確認是否有人在操控的嫌疑。記住，每當有人試圖操控你，代表他們認為你擁有他們想要的東西而且比較強大。假如你強大到足以成為操控者的目標，你也一定強大到可以照顧好自己。

今天，我要放下認為必須操控他人才能獲得自己所要的這個想法，並且停止讓他人操控我。

3月8日 學會應對操控

即使你瞭解並遵循一切如何有效與操控者過招的法則，有他們的生活還是不會太輕鬆。

——小喬治・K・西蒙

有時他們要某個東西。有時他們要某個人。有時他們要某個人給他們某個東西或產生特定感受。他們想要某方面、某種形式的權力。操控者會特別攻擊我們的弱點。

執迷和罪惡感是武器。操控者會讓我們將這些武器用在自己身上。

有時候我們能脫離操控者，例如離開、設下清楚底限、不再往來。有時候，事情沒那麼簡單。我們可能在某段時間被操控慾強烈的上司或權威人物困住，或者我們其中一個孩子可能正處於什麼都想控制的階段。我們最關心的父母親也可能將操控當做一種生活的方式。

我們要學習如何有效面對操控者。並非每個人都心口如一。有人玩弄語言來激起我們的罪惡感、空虛或恐懼。當你感到一絲罪惡感或強迫，要辨識出是否有人試圖勉強你聽從他們。學會辨識什麼時候別人跟你說的是他們認為你想聽的；學著不回應、保持思緒清晰、練習不反抗，並且做真實的自己。

若你生活中有操控者，請對自己寬容。你不必為別人的操控負責，你的責任是保持頭腦清醒。

今天，我會放下自身那些容易使自己落入操控的弱點。我會遠離罪惡感和執迷，做出對自己最好的選擇。

3月9日 瞭解自己的底限

雖然富有同情心是好事，但同情心也可能變得泛濫。別因為努力試著不去評斷他人而忘記留意自己不喜歡的東西。

「我瞭解被遺棄和被拋下的滋味。我不喜歡那種感覺，所以我不會離開男友，」H小姐說。她與一個會對她施加心理與肢體暴力的男人同居。

「我必須對兒子更有同理心且不妄加評論，」R先生說的是一個善用操控和說謊分散父親注意力的小孩。「他的人生很辛苦，母親在三歲時就過世。我是他唯一的親人。」

你可以不評斷對方，但要在自己和對方之間設下界線。

你可以不譴責對方，但要決定哪些行為是不適當且傷人。

別忘了，你有喊「痛」的權利。

我們可以帶著同理心說「隨它去」，並且同時照顧好自己。

今天，我會對生活周遭的人設定適當底限。

3月10日 隨它去吧

人生就是一連串的放手——一連串無盡的放手。生命中的一切事物都是借來要歸還的。正視人生，學習放手，無論什麼遭遇，包括成功或失敗、快樂或悲傷、支持或背叛、光明或黑暗，都是上天給予我們的恩賜。一旦學會放手，我們就能接受生命給的任何東西。死亡也沒什麼好害怕的。

——馬修・福克斯

有好幾年，我很抗拒放手的觀念。我抗拒主要是因為不明白人們說的是什麼。那時候我會老是執著於某些事物。「放手吧，」人們會說。「喔，」我說，然後我還是會納悶，最主要是不知道如何實際地做。很快我抓到訣竅。假如我不想別人叨唸要放手，我必須默默地執著。私下地。

隨著時間推移，我被迫學習放手。後來我想自己已經不再需要練習放手。

兒子過世後，我才瞭解之前只是序曲，只是放手的入門課。在往後數年，我逐漸開始重新學會尊重放手這件事。

放手每天都能練習，無論是在生活中怎樣的情況下。放手能促進每一段我們想努力經營的關係，對瘋狂不合理的關係也有助益。當我們真心希望將某人或某事帶進自己生命中，或達成自己的目標，放手是一個實用的工具。也適用於丟掉迂腐過時的低自尊和操控慾。放手，把情緒負擔與戲劇性誇大從事件中抽離，讓我們找回平衡、寧靜與心靈的力量。放手對過去或未來都適用。放手讓我們走到現在。

所有萬事萬物的到來，都是為了離開。讓放手變簡單，它沒有聽起來複雜。學習放手的藝術其實就是學習冷靜地順其自然。

今天，我會學習放手。

3月11日 這就是人生

人生有時候會有轉折，有時候也會轉換方向。會發生的事情必然會發生。有時我們將這些事情貼上「好」的標籤，有時貼上「壞」的。我們無法參透所有事情發生的原因或目的，但是多數人都選擇相信上天自有安排。

我不曉得自己為何會得到某些幫助；不曉得為何要經歷某些傷痛。我能做的是相信無論遇到什麼，都能從中獲得啟示。

你是否專注於人生中的事件而非啟示呢？事件是一種工具。你可以置身其中，感受失去的痛苦與成功的喜悅。或者讓憐憫走進你的內在，學會關懷並善待他人與自己。

不要老是追究為什麼，而是學習去問有什麼啟示。你準備好接受的那一刻，啟示自然會浮現。

今天，我會接受人生路途的曲折與彎路。我會在遇到幸運的、不幸的事情時，學著說隨它去吧。

3月12日 別浪費自己的天賦

災禍就像雙面刃，可以好好利用，但也可能傷害自己，就看我們握住的是刀鋒或刀柄。

——詹姆士・羅素・羅威爾

成功沒有徵兆地從天而降，悲劇像貨運列車般突襲，徒留下我們處理後果。我們可以驕傲自誇突如其來的好運，或虛心接受努力後的果實並繼續做更好的自己。我們可以在遭遇悲劇時倒下放棄，或在悲傷後振作，開始一點一點展開新生活。

看看人生中各種情況。你是否嘗過成功的滋味？是否從失敗中記取教訓？也許你的平凡正是天賦。成功時別太驕傲，悲傷時別難過太久。別光是睡覺，浪費了平凡的生活。你會失去對驚奇的感知力，到最後，你甚至不知道自己到過哪裡。

我們無法完全掌控將來發生的事，我們必須放下自己什麼都能的錯誤想法。我們能選擇的是如何面對，就像選擇如何拿起一把刀：握住刀柄或刀鋒。

重要的是如何運用你所被賦予的天賦。

今天，謝謝上天給我的天賦。

3月13日 失去掌控時說「隨它去」

我們無法掌控發生在自己身上的每件事。但我們能掌控自己要如何應對。

我們無法掌控他人的感受，包括他們的恐懼、他們如何使用權力、他們面臨的難題。我們能選擇的只有如何回應和面對。

也許你被誤解。也許你因為他人行為而無法實現夢想。你會怎麼面對？你可以放棄退讓，或盡力而為，如果可以就繼續前進，或在現在的位置好好生活。

說「隨它去」。

學習生活與順其自然。

你可以重新開始，而且不只一次，如果有需要的話。

今天，當他人行為或想法將我拖垮，我會得到力量重新站起來。我會練習正確思考與行動，踏上前方的道路，無論這會為我帶來什麼。

3月14日 發現你不知道的自己

每年夏天野火會燒掉美國西部好幾大塊土地。這是萬物自然循環的一部分。每過一陣子，大自然會決定什麼時候該重新開始，一整座森林便會消失在白煙中。

有時候生命也會為我們的人生帶來一場大火。這也是萬物生生不息的一部分。生命、大自然或上天再次發出訊號，顯示重新開始的時間到了。

化不幸為轉機。誰知道呢？那場肆虐你人生的大火，也許剛好也燒掉過去的障礙。保持開放的心態和思緒清晰，你會獲得新的領悟，還有那個以前沒有發現過的自己。

今天，我會留意生命現在給我的啓示。

3月15日　放下掌控

當我們在爭奪人生中的權力與控制時，通常我們不想將掌控權交給別人；我們想將韁繩留給自己。我們希望事情能如願，事與願違就會很懊惱。有時候，我們在研究自己和掌控這件事上一段時間後就會開始變得自滿。因為我們太懂得運用與引導自己的權力，我們很少介入贏不了的戰爭，事情因此順利發展。我們大多能如願，是因為我們不會嘗試掌控無法掌控的事。這時候我們也很容易認為，自己比實際上還要更強大。

你是否正與某個無法改變的人或事陷入一場權力爭奪戰？花點時間想想。你真的想將精神和心力花在這上面、試圖強求不可能、製造裂隙、打一場贏不了的仗嗎？當我們試圖掌控超出自己能力範圍外的人或事，我們會失敗。

當我們學會區分什麼是自己能與不能改變的，通常就比較能在生活中將力量運用自如。因為我們不浪費心神將力量用在改變無法改變的事物上，我們會省下很多精力給自己好好生活。

在你得不到想要的東西時學著說「隨它去」。學著讓事情順其自然發展。

今天，我會放下自己的掌控慾望。

3月16日 別光說不練

有天我看到一部嬰兒車上，裝著一個小的玩具方向盤。小孩可以玩方向盤假裝在開車控制方向。方向盤沒有連結到任何東西；某個人會站在嬰兒車背後，將車子推來推去。小孩可以盡情轉動方向盤，但如果媽媽要去別的樓層，小孩也必須跟著去。

我們來到人世幾年後，很快便坐不下嬰兒車，沒多久就會長大成人。然後我們會去學開車，這次真的是個有用的方向盤了！現在我們獲得真正的自由了！但車子需要汽油，家裡有門禁，還有道路交通速限與法規要遵守。或者我們從學校畢業，踏入真實世界，終於擺脫父母掌控我們的行蹤。但接著有房租、有上司、有室友，或配偶與兒女要煩惱。

無論我們年齡多大、去了哪裡，或變得多老，總會有牽掛，推著自己往這往那走。

我們可以想要某些事物，期盼某些事情，希望某些事情趕快過去。但最終，我們還是無法完全控制人生。與其花時間與力氣試圖往他處追尋，不如從當下學習，並享受我們被賦予的美麗人生。

今天，我會瞭解，雖然我無法掌控人生中發生的每件事，我卻可以選擇要如何回應。

3月17日 坦然面對人生的空無

許多人教我們如何實踐、達成與追求自己的想望，激勵著我們行動，並大喊：「沒錯，我活著。我完全、充分地活出最精彩的人生。」

在繁忙的生活外，人生還有另一部分也需要我們細心留意。那是一個自然且重複的循環，有些人稱之為「空無之處」。

那是我們人生中的空白地帶。

空白地帶可以是我們生命中的一小部分：持續數天或數星期，或更久。分手了，我們恢復單身，不知接下來該怎麼做。或一個階段結束，例如我們從高中或大學畢業，不知未來該往哪裡走。或許我們為人父母的時間告一段落。或者我們某位親愛的人或摯友——我們生命中很重要的人，離開了我們。

別害怕空無。如果有必要，延後空無出現的時間。空無讓人感覺灰暗、冰冷與空虛，但卻是個友善之地。比起人生其他週期，空無的律動較緩慢，通常也較讓人困惑，但它的律動仍存在。

回想人生中那些你曾經歷的沉靜時光：當一個循環結束而另一個尚未開始前的時光。提醒自己當空無來臨時，不必驚慌害怕。那不是盡頭，只是一個必須的停頓，包含在人生各種循環與律動中。

今天，我會有勇氣，帶著尊嚴、信念和幽默感踏入人生的空無期。我會珍惜這個陌生的階段。

3月18日 祈求會有幫助

我曾經和一位朋友發生摩擦。他既受傷又憤怒。他的受傷與憤怒也激起我內心更多受傷與憤怒。我試圖釐清問題、傾聽他的想法，並讓他知道我的立場。但他覺得自己很有理，而我也是。日復一日，我們試圖修補彼此之間的友情。但關係還是很緊繃，我不知道下一步該如何。

「神啊，幫幫我，讓我知道接下來該怎麼做。」我繼續和朋友溝通，他也是。

然後有一天，我覺得自己的防備和罪惡感都減少了。我對我跟朋友之間所發生的事有了新的感受。

接著某一天，我告訴他：「我很抱歉。」

「我也是，」他回答。

哇，我心想，這到底是怎麼回事？

祈求。放手。然後做一切該做的事。別一直強求奇蹟發生，但保留它們發生的空間。

今天，我會記住，當我毫無辦法可想時，我可以向上天求助。

3月19日　**放輕鬆一點**

我們正在面臨的問題很重要，要嚴肅以對。例如我們必須認真地經營一段關係，或者認真面對一份工作。

但或許我們真正需要做的是學著放鬆一點。

帝國崛起、殞落，英雄誕生、死亡，太陽明天依舊升起、落下。

真正重要的是我們的內心。

有位作家曾經說過：「天使之所以能飛翔，是因為祂們放下了重量。」

一旦你不再那麼嚴肅緊繃，放下一切重力包袱，你也能學會飛翔。

今天，我要學會放鬆。

3月20日 放下他人的看法

有一天，我們因為靴子被雪水浸濕，回旅館後換上夾腳拖就直接前往餐廳用晚餐。

「嘿，你們穿錯鞋了！」帶位的小姐指責。「外面下著雪呢！」

「對啊，我知道。我們從加州來，」同行的朋友回答。

「我真的很不希望你們這麼穿，」她說，然後氣呼呼地走回櫃台。

幫我們點餐的先生卻一點也不在乎。他聽著我們述說旅行的故事，也分享自己的經驗，還隨時將水倒滿我們的杯子。

我們整頓晚餐從頭到尾咯咯笑不停，全都因為我們的靴子被浸濕了。

有時候，最適宜當下狀況的選擇不見得是適合自己，你被迫要臨時湊合。如果別無選擇就穿上錯的鞋吧，但不要因為他人的看法而錯過美好的時光。

今天，我會記住重要的是自己如何生活，而不是我看起來如何。

3月21日 放下錢的問題

放手並不代表我們不在乎。而是相信事情會順利發展。我們來看看如何將放手應用在關於錢的問題上。

意外總有可能會發生。例如汽車突然拋錨、生病、房租漲價。或者就在你以為自己計劃中的存款進度超前時，突如其來出現意料之外的支出。

曾經有許多年我無法好好記帳。無論如何分配，我都是入不敷出。我盡了全力，對自己負責，然後就放手。

擔心對事情沒有助益。

對自己負責的態度則有幫助。

我們無法為自己做的，自有上天會為我們做。

用責任感、信任與平心靜氣來實現自己的願望。

今天，我會放下對金錢的擔憂。

3月22日 放下未來

我們每個人都知道，當我們走在人生旅途中時，我們時時需要愛、指引、恩賜和物質上的東西。有時候，我們坐下來，想像著某個未來。我們看著自己擁有的金錢、優勢、才能和精力，然後消沉地說：「這些還是不夠。」那是因為我們看得太遠。

環顧在這個當下或在這個小時，自己手邊所擁有的。善用自己被賦予的資源和天賦。明天的恩賜，時候到了自然會出現。

今天，我會學會在自由的道路上好好享受，即便這條路帶我經過的盡是荒野。我會記住這個準則：每一天就只專注過好眼前的這一天。

3月23日　放下比較

別人家買了一台新電視，我們家就換一台更大的。別人買了新手機，我就換一隻更新款的。

雖然可以迎頭趕上別人感覺不錯，但是每個人終究不一樣。所以，為什麼要將比較建立在物質的生活上面呢？

跟隨自己的天賦和內心。也許你口才很好，一席話便能影響台下數百名聽眾。或者你是善於交朋友，註定要在這個世界上安靜地、個別地幫助身邊親友走自己的路。

假如你一定要比較，就用自己的日常生活和自己的夢想與抱負比較吧。這兩者一致嗎？假如你的夢想和抱負能帶來財富，那很好。假如那是代表要窮其一生默默無名地服務人群，這也很好。對，物質享受令人開心，教人著迷，卻也可能是個陷阱。

你現在走著的是自己真心選擇的路，不論他人擁有什麼生活嗎？

今天，我會放下比較，走自己的路。

3月24日 培養心靈的安寧

根據我的經驗，真正快樂的首要特質就是平和，心靈的平和。

——達賴喇嘛

培養心靈的安定感，一種不依賴外在環境、恆久的內在安定。這麼混亂、這麼瘋狂，這麼多情緒在我們身上湧動。我們很容易、也寧願相信，一旦度過難關、達成目標、解決問題，之後就能獲得平靜。

這只是錯覺。

獲得我們想要的東西也許會讓自己感到片刻的快樂，但這種快樂有限且稍縱即逝。下一個問題或情緒還是會出現。或許我們開始怨恨某個人或工作，因為他、她或它們沒有帶來我們預期的快樂。就像一根繫在棍子上的紅蘿蔔，你和快樂中間永遠隔著下一個待解決的問題、願望或情緒。

現在就讓自己平靜。現在就感到快樂。

拿掉放在快樂前面的種種限制。

今天，我會記住，無論遇到什麼情況，先讓內心獲得平靜。

3月25日　放下仇恨

仇恨是狡猾、充滿詭計的小東西。它們很會合理化自己的存在。它們會使我們心靈枯竭，侵蝕我們的快樂，也侵蝕愛。

我們大多數人在人生中某些時候都曾受過不公平的對待。我們大多數人也曾被他人抱怨過我們不公平。如果我們放任不管，生活就會成為滋養仇恨的肥沃土壤。

「嗯，但這次我真的是被冤枉，」我們會如此抱怨。

或許你是。但懷著仇恨不能解決問題。如果能，我們的仇恨清單可能會和電話號碼簿一樣厚。正視自己的感受，學習每一個在眼前的課題，然後放下這些感受。

仇恨是一種因應行為，一種為了在人生中求生存的工具，也是一種報復的形式。但問題是，不論我們怨恨的對象是誰，憤怒終究會朝著自己而來。

靜下心來。探索一下內心。你是否讓自己掉入仇恨的陷阱？如果是，再花點時間，放下它。

今天，我會了解接受所帶來的平靜。

3月26日 用最多的愛說「隨它去」

有一個關於同理心與淡然的古老故事，主角是伊斯蘭教先知穆罕默德。

穆罕默德有一個鄰居都不倒垃圾。他是一個脾氣古怪的老人，放任垃圾堆積如山，散落在庭院四周。混亂的景象不堪入目，但是穆罕默德練習忍耐和同理心。數年下來，他什麼話也沒對這位惱人的鄰居說過。

有一天，那些妨礙觀瞻的垃圾堆不見了。

穆罕默德走去鄰居家敲門。老先生前來應門。

「我沒看到你的垃圾有點擔心，」穆罕默德對那位鄰居說。「我只是來確認一切都好。」

我們必須設界線，劃分清楚，爭取自己的權益。我們要定期檢查確認自己有無照顧好自己。但每隔一段期間，我們也要檢視我們是否容許自己被瑣事激怒與煩擾，而忘了愛的本質。

學著說「隨它去」，但也請學著用最多的同理心與愛來說。

今天，我會學會照顧自己並帶著熱情、同理心與開放的心胸生活。

3月27日 放自己自由

「我明天再放手；我今天折磨自己折磨得欲罷不能。」「不，其實不是這樣。明天再放手好了；我緊抓著不放的這些東西，今天還需要我抓著它們。」「對，這比較接近事實。」

「我今天一點也不開心，但還是得繼續抓著我的慾望、罪惡感、限制與擔憂。這些東西定義了我。而你要我今天放手？抱歉，或許明天吧。」

因此我們堅持著不放手。傷口於是繼續腐爛。我們內心因期望落空的痛苦不斷啃噬著我們。我們真正拖延實現的是放手後獲得的自由。

對，我知道你正在堅持的東西很重要。我過去必須放手的每個東西對我而言也都很重要。假如它們不重要，放手就不會有掙扎，我們大可以直接放下，轉身離開。

但是上天讓你擁有今天，你會好好利用，還是一心執著於自己無法掌控的，而錯過今天可能遇到的美好事物？

今天，我會放手，就在今天。

3月28日 放下結果

我們有些人很堅持結果，認為一個計劃或一段感情一定要朝著特定方向發展。有時候我們太執著於一件事的結果，而忽略事件本身給自己的感受。

我們可能一心一意想著與約會對象結婚，忘了留意自己是否真心喜歡對方。我們太專注於舉辦一個人人稱讚的聚會，忘了放鬆好好玩。

我們付出努力，但我們老是試圖控制事情的運行和發展方向。

知道自己的夢想是什麼並專心致力於自己想要的很好。但在生命的細節上也要用點心：你每一刻的感受是什麼，手上正在做的事情有哪些細節。

別太執著於結果，而忘了過程有多少樂趣。

今天，我會對自己釐清自己的人生想要什麼。我會學著留意每一天每個當下的細節，並懷著熱情做現在在做的事。

3月29日 成全

你可以除草、翻土、施肥和播下種子。但你不能決定降不降雨，無法防止清晨的霜害。你無法精準地掌控自己人生會發生什麼事。雨可能下，也可能不下，但有一件事是確定的：只有你種下種子，才有機會豐收。

在自己能力內做好每件事以確保成功很重要，但是我們也要留下讓宇宙運轉的空間。生氣於事無補。在一個問題上鑽牛角尖，只會耗損自己的精力，也很難帶來好結果。

這讓我想到寧靜禱文，它的開頭是：「神啊，求祢賜予我平靜的心，去接受我無法改變的事。」除草、翻土、播種，然後放手。船到橋頭自然直，有的時候會以我們希望的方式，有的時候不是。但是事情自然會有轉機。

有時你能做的只是聳聳肩，笑著說「就這樣」吧。

但願你的意思被成全，而非我的。

今天，請上天引導我行動。我會記住真正的力量來自於讓自己的意志、企圖和慾望與祢一致。

3月30日 順其自然

許多年前，我在廚房裡準備感恩節晚餐。我等待賓客到來。然後我不安地注意到，自己某個塑膠指甲片不見了。我發狂地環顧四周，接著想到它最有可能是在一個我最害怕的地方：在火雞內。

我打電話給最好的朋友。

「放輕鬆，」她說。「順其自然。」

「怎麼順其自然？」我低聲說。

我不記得最後是如何解決的，但事情的確解決了。接下來很順利。再接下來也是。最後，這件事的教訓非常清楚：學會放輕鬆，順其自然。保持心情放鬆，你會懂得自然地運用自己的力量，走過人生中的各種情境。

答案會出現，解答終會浮現。你會被引導到下一個地方、人物或事件。你會豁然開朗，伴隨著靈感、勇氣和智慧。

我們從中學到的不是事情終會解決，而是就在這個當下，本來就沒事。

今天，我會明白要如何放棄抗拒並順其自然。

3月31日 做你能做的改變

有些時候適合說「隨它去」，有些時候適合說「夠了」。留意這兩種時候的差別，然後準備好隨時能說出這兩句話。

你是覺得受到傷害，還是只是覺得煩躁？你的憤怒是基於真正受了傷，還是只是某個人沒有達到你的期望？留意這兩者之間的差異。然後學習需要時該用什麼方式，因應當時的特定情況。

有任何規則可以幫助我們洞悉世事嗎？沒有。你只是必須在各種情況下做出決定、並選出什麼是對自己最好。

相信自己。你比自己想的更有智慧。

尋找人生的平衡。

學會何時要放手，學會何時要行動。

今天，我會放下自己無法掌控的情況，並在時機成熟時採取行動。

四月

學會對人生說「好」

學會說「好」・向別人尋求指引・做分內能做的事・檢視別人的期望・不要作繭自縛・你可以選擇・或許該轉換跑道了・你可以選擇・那是你真心要的嗎？・允許自己犯錯・把真正想要的說出來・分辨哪些是重要的・清楚自己要的是什麼・對別人、也對自己坦白・盤點自己的生活・面對真相・使用溫柔的力量

4月1日 學會找出自己要什麼

很多事情都需要我們放手。說實在的，可能每一件事情都是。

不過，最重要的是，我們應該先說出自己要什麼，然後再放手，因為有時候放手之後，我們想要的東西反而會自己回來。

練習放手的重要關鍵之一，就是學會找出自己要什麼，而且要開口說出來。

今天，我會了解，放手之後，該是我們得到的東西，上天會記得，而且堅持把東西交到我們手上。

4月2日 學會說「好」

學會說好，而且是發自內心的。

你上次對別人說「好」是多久以前的事？「好，我想要那樣做。」「好，聽起來不錯。」「好，我想試試看。」

那你上次對自己說「好」又是什麼時候？「好，我了解你的感受。」「好，我聽見你的需求了。」「好，我注意到你累了。」「好，來休息一下吧。」

當機會來的時候，也就是不管是個人、心靈或事業上哪方面的成長，別老是謹慎小心，害羞忸怩。就算說「好」但你沒達成某人的期望，那又怎樣？有時候我們太擅長說「不」，以至於遇到什麼事都習慣說「不」。我們甚至沒想過自己拒絕掉的是什麼。

就像學會說「不」一樣，在對的時間點說「好」也很重要，那樣有助於展現我們的能力。這是敞開心胸的表現。

下次有人約你出去、暗示一個機會，或者是你的身體試著告訴你什麼，先停下來。不要立刻說「不」，不要像開啟自動駕駛模式的父母老是拒絕孩子的要求，而是先聽聽對方要說什麼。有沒有可能是很重要的訊息？可能有助於你的人生規劃？也許你會害怕，也許你擔心自己還沒準備好承擔，也可能你喜歡凡事說「不」的安全感。

學著對人生說「好」。

誠實、坦然、樂意地去試試看。現在就說「好」吧。

今天，我會學會在該說「好」的時候說得出口，並且完全發自內心。

4月3日 不要等別人來拯救你

蘇菲派教徒有一句格言：「讚美真主阿拉，然後把駱駝好好拴在柱子旁。」這是兩種修行的結合：要禱告沒錯，但也別忘記在現實世界中善盡本份。

——傑克．康菲爾德《追求心靈的智慧》

扮演犧牲者很容易。我們每天都在掙扎與混亂中度過，渴望很快就能諸事順利，享受未來甜蜜的果實。

今天，就是那有著甜美收成的未來。是的，就是現在。它已經就在你的眼前。要享受生命中的美好，我們就必須主動尋找。

聖經經文中曾說到兩件事是關於信念的：一，命運就像芥末籽，連最小的種籽都能成長，並在時機成熟時發芽長大；二，沒有努力的信念是死的。如果你什麼都不做，就是不再堅守你的信念。

不要再等誰來拯救你。

學會救你自己。

今天，我就會採取有目標的行動，讓自己的人生變得更美好。

4月4日 尋求指引

有時候事情看起來像是好主意，但實際上卻不是如此。

——小豬（小熊維尼）

不妨先向別人尋求指引。

意志是很複雜的東西。衝動也是。

我們都聽過衝動購物。日常生活也很容易淪為這種模式，我們往往被當下的情緒沖昏頭，而衝動行事。

隨心所欲是很好，正面迎向人生也很好，不過太過隨心所欲也會給自己製造問題。我們會對問題反應過度，事後才懊悔不已。有時候，靈光乍現，我們很明確知道下一步該怎麼走。有時候我們得挺身前進，不被恐懼或負面的想法拖住。有時候，我們一時衝動行事，反而陷自己於不利。

先請教別人的意見。多花一秒鐘看地圖，就可以知道想轉彎的方向是不是自己真正要去的路。

今天，我會花點時間思考即將要做的決定對自己是不是最有利，或者還有另外更好的選擇值得探尋。

4月5日 做分內能做的事

敬愛的主：我已經盡全力了。

——《孩子們給上帝的信》

有時候我們能做的就這麼多了。

世界上需要有人負責聽別人說話。如果每個人都是說故事高手，世界會變得很嘈雜，誰也聽不到誰的故事。你可能是說故事的人，也可能是聽故事的人，或者你也可能兩者兼是，並且因此成名，但也有可能你的角色就是幕後的無名英雄。

如果你在追求夢想、經營一段關係、幫助別人，或照顧你自己等方面都已經全力以赴，表示你已經善盡本分了。

或許我們所「能」做的事，就是我們今天該做的事。

今天，我會做到自己能做的事，同時不要因為做不到的事而折磨自己。

4月6日 心誠則靈

一九二二年，埃及發現圖坦卡門的陵墓。在陵寢的牆壁上，法老王御用巫師潦草地寫下，凡打擾陵墓內任何物品者將遭受嚴懲。

之後十年，超過二十名參與挖掘工程的人，紛紛猝死或離奇死亡。

說這是詛咒也好，或是某種洗腦話術也好，重點在於這些暗示所產生的效應。由此可見信念的影響力有多麼大。

有時候，別人的想法對我們的影響雖然不太明顯，卻更有掌控力量。有時候朋友一句無心的話：「你不可以那樣，那樣沒用。」「要這樣做才對。」就足以讓我們不知所措。幾個月後，我們努力很久都失敗，卻還是堅持要做，心中也納悶為何自討苦吃，然後我們想起當時的情景，暗自感嘆：「噢。是朋友叫我這樣做。也許他錯了。」

與他人和諧共處的重要關鍵，在於我們很開心能做什麼事情讓對方高興，並且不會刻意或惡意傷害與我們互動的人。而對自己坦誠的重要關鍵，則是時時自我反省，看看自己所作所為是否出於我們想做的，還是我們只是個木偶，任人擺佈。

今天，我會相信心誠則靈。

4月7日 檢視別人的期望

「擔心自己達不到他人期望，跟真正達不到他人期望，是不一樣的。」某個朋友曾經這麼告訴我。別人的期望，或者光是我們想像別人對我們的期望，就足以構成強大的動力。當我們沒達到別人對我們的期望，我們會不自在、擔憂，而且，特別是或即使對方沒有表明他們的期望時，這些感覺也會出現。

期望是無形的要求。別人對你有什麼期望？你將別人訓練或鼓勵成對你有什麼期望？他們是不是真的對你有這樣的期望，還是說都只是你個人的想像，你自己對號入座？

有人說，如果人生都只為了達成別人對你的期望，人生就不值得活了。過度要求自己達到別人的期望，代表我們沒有足夠的時間活出自己的人生。好好想想，問你自己這個問題，別害怕檢視自己的內心世界：你是否讓別人的期望掌控自己的人生？仔細看看你一直在努力達成的期望，然後跟著內心的感覺走，讓它帶領著你。

今天，我會意識到別人的期望如何影響自己的日常生活，我會明白要好好顧到自己的期望，不需要活在別人的期望裡。

4月8日 不要作繭自縛

「我發現自己週末都待在家裡，就算出門也不想跑太遠，」有一位太太說。「我原本希望自己可以守在女兒身邊，讓她隨時找得到我，就像小時候一樣。問題是，她已經二十幾歲了，早就搬出去住了。」

我們往往因為習慣原本的自我期望，而把自己侷限在牆角。有時候我們辛苦闖出一番事業、展開一段關係，或以某種方式生活，以符合我們的自我形象，但這個形象早已不合時宜。

別再作繭自縛了。

我們曾經想追求的目標已經不適用了。就算達到目標，不代表我們就不能往前走，做其他的事。你對自己有什麼期望？你有沒有自我檢視過？那些期望是否是你內心真正的渴望，或其實是其他東西？

你是不是老愛碎碎念，對人生抱怨東抱怨西——抱怨那些你被期望應該做、卻討厭做的事？也許期望你做那件事情的人，只有你自己。期望可以是很微小的事。把這些小事找出來好好檢視一番，看看哪些已經過時或沒用了，然後通通丟掉吧。

今天，我要跳脱荒謬與不必要的期望。

活動：如果你的生命只剩下十年，你想做什麼？你想住哪裡？你想怎麼工作、怎麼與朋友聯絡往來、怎麼追求愛情？如果答案跟你現在的狀態差很大，那麼你也許該轉換跑道了。

4月9日 你可以選擇

別忘了人人都可以有選擇。

我取得高空跳傘的「A」級證照後，一直遲遲沒有買一頂自己的降落傘及裝備。我的裝備是用租的，尺寸不太合。我之所以一直租裝備是因為初學者專用的傘翼比較大。

很多跳傘員上手後會改用小傘翼，而且越小越好。但我做不到。儘管我非常小心，也很專心把降落的動作做到位，但我還是常常用屁股著地。所以降落傘大一點，降落時屁股著地才不那麼痛。

每次聊到買裝備的事，其他跳傘同好都叫我買一頂小型的降落傘。有一天，跳傘經驗豐富且從沒受過傷的朋友問我裝備買了沒。我說還沒，因為大家都建議我要買小一點的傘。

「別傻了。就買妳找得到最大的傘。要跳的人是妳。要付錢的人是妳。不要相信別人說妳不該擁有自己要的東西。做自己認為對的事就好。」

他的一番話讓我很安心，也很驚訝。原來我們的想法與行為是這麼輕易被別人的期望影響。有時候我們需要有人提醒，做自己認為是對的事，不只是很ＯＫ，而且是應該這麼做。

今天，我會跳脫別人套在我身上的限制。

4月10日 做出艱難的抉擇

有時候我們做決定相對是輕鬆的。其中一個選擇感覺是對的，另一個感覺也不會太差。但某些時候我們可能會面對有人跟我提到過的「抉擇」。

抉擇表示兩種選項我們都不喜歡，而且其中一個更讓人完全無法接受。抉擇有很多種樣貌。我們可能愛上有問題的人，於是決定無法與他或她在一起，儘管我們仍深愛著對方。我們可能愛上會對自己動粗或有暴力傾向的人，雖然我們的情感千真萬確，但所面對的危險也是千真萬確。我們可能在工作上遇到抉擇。我曾經一度以為自己受夠那些主管了，不過因為我熱愛當時那份工作，於是決定留下來。回想起來，我很慶幸自己當時沒有辭職。

抉擇是人生的一部分。抉擇強迫我們檢視自己的價值觀，決定什麼對我們才是真正重要的。抉擇會確保我們最後選擇對自己最好的那一條路。

今天，當我面對困難的抉擇時，我會評估何者適合自己。在權衡的過程中我會善待自己，也善待他人。

4月11日 允許自己改變與成長

就算某個決定昨天看來是對的，不代表它今天也會符合你的需求。人都會成長，也會改變。有時候我們要離開安全的小天地，才有辦法成長、改變。

你是否仍抓住某個已經不適用的東西，只因為它很安全、很熟悉？這個東西可能是某種行為模式，例如覺得自己在每一段關係中都是受害者，或老是想掌控自己無法控制的事。

感謝過去學到的教訓、遇到的人、去過的地方，因為這樣你才能學習成長。感謝你的生存能力幫助自己度過難關。喜歡安逸的生活沒有錯，包括有一輩子的朋友及一份好的工作。但也別讓自己安逸過頭，該放手前進的時候卻做不到。

如果四周的牆壁讓你有壓迫感、被侷限，讓你覺得進退兩難，很無趣，表示你該去牆外看看，換個新環境了。外面還有另一個地方等著你，它可能更適合你，但除非你先放下現有的地方，否則你沒辦法進到新環境。

今天，我會知道哪些行為、人、事、物與地方已經不適合我了，然後有信心放手。

4月12日 那是你真心想要的嗎？

有時候，一扇門開了，我們可以穿過門進入房間，想在裡面待多久就待多久，只要自己受得了，都沒問題。我們很多人都已經知道要怎樣照顧好自己，甚至當我們陷入極為不自在的狀況時，也能理所當然地能把自己照顧得很好。

不過這裡的問題不是「我做得到嗎」？而是「我要不要」？

人生有很多情況允許我們可以堅持己見，甚至可以有一段長時間照著自己的意思走。固執和堅持也算是正面的人格特質，讓我們可以專心致志，一直到學會為止。不過，這些特質也可能會讓我們太過頭，例如，我們對於某一項工作或某一段關係太鑽牛角尖了，反觀那些較為脆弱或更有智慧的人，或許老早就放棄了。

與其捫心自問做不做得到，不如換個問題。如果你已經待在那裡很久了，而且總是想要更努力、更加把勁照顧自己，表示你該往後退了。別再問自己有沒有能力處理眼前的狀況，而是問，這個狀況對你有沒有幫助。

今天，我會靜下心來問自己：「這真的是我想要的嗎？」

4月13日 允許自己犯錯

人生中有的時候我們不知道該往哪裡走，或下一步該怎麼辦。可能想破頭也想不出因應對策，只能枯坐乾等，白費力氣瞎忙。

遇到這樣的情況時，可能先讓自己做選擇，即使之後發現選錯了也沒關係。

理想上，我們應該要好好評估既有的選項，然後會發現其中一個選項感覺很對、很明確，另一個則相反。但是，當兩個選項都不明確時，可能就要放手一搏。或許就接下那份工作；搬進那間公寓；和那個人約會。一旦發現錯了，再盡可能以坦然、虛心的態度，快速修正。

不必堅持活出自己心目中的完美人生。有時候我們透過犯錯，能讓自己看得更清楚。

今天，我會放下完美主義，允許自己體驗人生的各種可能。

4月14日 你要什麼？

人生總有意外。我們之前已經談過這一點。起初，我們對未來有美好的憧憬：成家、立業、身體健康、事事順心。然後，某個始料未及的事件讓一切崩裂。你可能因為家中親人重病或過世，導致童年破滅，或者等你走過人生大半輩子，卻突然被丈夫或妻子背叛。

人生可能無法事事盡如人意。有時候我們以為得到的東西是心所嚮往的，但之後卻改變心意。其實我們大可不用折磨自己，只要說服自己，我們是不可能什麼想要的東西都能得到。

你要什麼？你知道嗎？還是你把自己渴求的部分封閉起來了？我們都需要自我約束沒錯。而且在某些時候，剝奪自己某些樂趣，也可以學習到很多其他東西。但是太渴望得到某個事物或某個人，導致自己人生都被這些慾望掌控，也不是好事。

不過，我們還是可以對自己敞開心胸，清楚自己在各種大大小小選擇中真正想要的是什麼，然後學會主導自己的渴望。

坦然面對自己想要什麼。然後大聲說出來。

今天，我會學習知道如何主宰自己內心的渴望，用智慧判斷什麼是無法得到的，同時也知道自己什麼時候過度剝奪了自己活在這個世界上的樂趣。

4月15日 把自己得不到的東西說出來

對於那種悲情、匱乏的感覺，我們都很習慣，也很熟悉了。而且即使我們都知道那些感覺會造成什麼結果——像是失望、孤單，卻還是願意被那些感覺牽著鼻子走。

想要的東西得不到，這是每個人都會遇到的困境。就算知道永遠不可能有結果，我們還是很容易去幻想，如果可以得到「那個」該有多好。這樣一來就不用處理現在有的，也不用面對像是親密關係、愛、承諾之類的問題。

學會認清自己對於那些根本無法得到的人事物的渴求和期盼，然後請上天給我們勇氣與智慧，體會眼前要有回報的愛，其實已是人生真正的喜樂。

當我們開始覬覦得不到的東西，就不會認真對待自己。但我們也可以認清現實，然後一笑置之。

今天，我不會再糟蹋自己。

4月16日 把第二好的東西說出來

好吧，你得不到自己人生中最想要的東西。

你目標清單上的第二個項目是什麼？如果你得不到自己最想要的，就先擱在一邊吧。它不屬於你。但這不表示你不能擁有其他東西。別讓得不到的東西影響自己的人生。就算你得不到那段關係又怎樣。那你想要什麼樣的關係？一段美好、健康的戀情？寫在你的目標清單上。就算你不能住那棟房子又怎樣。你喜歡那間房子的什麼？你希望自己想住的地方要有什麼？

好好發掘自己的內心，檢視自己的內在世界，那裡面一定埋藏著各種夢想。去吧，放手一搏。釋放所有夢想。看，你已經慢慢想起多年前你不讓自己得到的東西。

人一生中都有特別想得到的人、事、物。我們也曾不得不學會放下這些人事物。把你得不到的東西寫成另一張清單，然後放手。接著另外寫一張清單：「如果我得不到最想要的，那第二目標是？」

今天，我會寫下次要的目標清單，並學會知道可以把哪些東西寫進來，然後加以實現。

活動：寫一份願望與夢想清單。如果你覺得之前寫的目標清單是有所保留，現在是你追求夢想的時候了。如果你可以擁有任何人事物，你會想得到什麼？想去什麼地方？想遇到什麼人？想從事什麼工作？放膽寫出精彩的清單。然後放手全力以赴。

4月17日 保持平衡

有時候，我們合理的需求和慾望會失控。

我們非常渴望某一件事，像是得到某份工作，或某個女人或男人，然後朝思暮想、鑽牛角尖。我們的生活因而失去平衡，陷入穩輸無贏的混亂中。

並不是說我們的想望或需求會害了自己，只是我們渴望的事物現在顯然還沒發生。不要就此認定自己錯了，因而責怪自己。也不要從此認為自己不該有任何需求。

放輕鬆。回到你的中心位置，回到那個明確、平衡的地方。

別讓你的需求跟渴望掌控自己。

沒錯，有熱情是好事。先知道自己要什麼，然後放手。接下來問問自己，你的人生課題是什麼。

今天，我將重新平衡自己的需求或慾望，不再讓它們控制我的人生。與其讓自己一直執著，不如全部交給上天，然後專心照顧自己就好。

4月18日 把自己真正想要的說出來

你想要什麼？不，我不是問你想要什麼東西，而是問你在追求的東西是什麼？想清楚自己究竟在追尋的是什麼。是要一台新車？還是想藉著開新車提高身價？你是真的想要做這份工作嗎？還是只是想賺錢，與你希望會隨之而來的名聲？你要一段愛情，是想要一個平起平坐的關係？還是要有個人來照顧自己？你到底想要追求的是什麼呢？

想得越具體越好。當我們仔細檢視自己的夢想和目標，會發現背後其實有更深層的慾望。我們會說，希望自己的事業有所成就。再仔細想一下。這個目標背後真正的動機是什麼？如果你是渴望工作上有發揮創意的自由，或許另有其他方式可以獲得，不一定要靠升遷。

誠實面對自己目標背後真正的渴望。如果你的渴望本身根本就不太對勁，那麼你可能需要轉換一下目標。不過，至少現在已經發現了，就能避免日後讓自己心痛。或許你的渴望很好，只是你太執著用單一種方式去達成目標。

注意身邊的各種機會。不要小看自己的人生。達成你內心真正目標的方法，不只一種。

今天，我會看清楚自己人生真正要追尋的是什麼。

4月19日 不要不懂裝懂

有時候，我們會覺得自己不足，而我們不知道的事情很有可能會傷害到我們。

此外，如果承認自己不懂是最誠實的回答，直接說「不知道」，也許還能學到新的知識。

如果真正正確的答覆是我不知道，就直接說「我不知道」。

今天，我要放下自己什麼事都裝懂的態度。

4月20日 丟銅板

丟銅板……很多知名企業主管多會用這個秘密招數。有時候做什麼決定並不重要，只要做出決定就好。然後堅持下去，相信自己可以把事情做好。

——傑．卡特

有時候，我們還真的是舉棋不定。我們不知道自己要什麼。這時候的天秤是平衡的狀態，維持著左右各半。

那就丟銅板決定吧。

就算銅板幫你做的決定你不喜歡，但至少這下你知道自己要的是什麼了。

今天，我會學習認識自己，而且知道自己要什麼。

4月21日 分辨哪些是重要的

最棒的是，我已經學會分辨人生中哪些事情很重要，哪些不重要。

——梅斯納《自由的靈魂》

我們會跟自己擁有的東西產生依附的情結。當我們發現有人把汽水打翻在沙發上，或是租來的房車有個地方稍稍刮到了，我們就會抓狂。

仔細看看你的人生，判斷哪些是對自己真正重要。哪些東西要是沒有的話，你會真的很捨不得？哪些東西就算從你的人生中消失了，你可能甚至不會發現？哪些東西沒有反而比較好？

學會區分對你來說必要跟非真正必要的東西，說不定你會發現自己就像我某個朋友一樣，只要有兩個帆布袋跟一個夢想就足夠，比一堆從來用不到的雜物更能讓自己快樂。

今天，我會努力追逐自己的夢想。我會整理掉亂七八糟的雜物，看清楚哪些東西對我跟家人才是最重要的。

4月22日 解決對的問題

你現在解決的問題是否是你真正想解決的，或只是你以為自己應該解決的？

——湯姆．拉特利奇

P先生每天都在解決問題。他進到對的大學唸書，找到對的職業，替對的人工作。身為一名成功的會計師，他替別人管賬，幫他們計算要繳給政府多少錢。他在工作上得心應手，但也喜歡攝影。不過，工作佔掉他生活一大部分，以至於他漸漸忘記攝影這個興趣。

有一天他翻閱一本攝影雜誌，接著去買了相機，拍了一些照片。然後他請了一段休假，拍了更多照片，投稿參加攝影比賽，獲得第二名。

P先生並沒有辭掉會計師工作。但如今他花在解決光圈與快門速度問題的時間，跟花在處理各種稅單的時間一樣多。

你現在處理的問題是你真正想要解決的問題嗎？還是你只是一直反覆處理同樣的問題？

找出你內心真正的問題的答案。然後找更多問題來問自己。

今天，我要有勇氣跟隨自己的心，知道如何體驗更多生命中的樂趣。

4月23日 說出自己心裡的意圖

你有沒有刻意做過什麼事情去傷害某個人，就為了以牙還牙，或報復對方？你有沒有刻意做過什麼心懷不軌的事？

意圖是很強大的力量。它結合一個人的渴望、情緒與意志，比起願望或一般的慾求有更強大的力量，有時候甚至成為左右我們人生的強大力量，進而影響我們身邊的人。

進入某個狀況之前先好好想一下。檢視自己真正的意圖是什麼。這背後是否有什麼動機、企圖、或是某種強烈的期望？你夠不夠瞭解自己，是不是清楚知道自己真正的期望和要求，而且相關的其他人是否也知道你要什麼？還是你有什麼不可告人的企圖，暗中希望如果自己堅持夠久就可以如願以償？

留意看看自己身邊的人，他們的意圖是什麼。有時候或許連他們自己也不知道。有時候他們知道，但沒告訴你。在這種情況下，你是已經受人擺佈，而且可能會讓自己受苦。

瞭解自己的意圖，也要盡可能清楚別人想從你這裡得到什麼。

今天，我會看清楚自己的意圖與動機，也會知道往來對象的意圖、動機是什麼。

4月24日 釐清自己內心的意圖

要清楚知道自己要的是什麼。如果你想要創業、換新工作、學習新技能、展開一段新關係，要很清楚知道自己想追求的目標是什麼。你期望自己該表現得多好？盡可能務實，但不要悲觀。你想得到什麼？了解自己真正的意圖，愈明確愈好。

如果你是在約會的階段，你想要得到什麼？純粹好玩？找結婚對象？你必須很清楚、很具體知道自己要什麼。

等你看清楚、也釐清自己的意圖之後，就把那些意圖放下。

有時候人生不完全盡如人意。有時候卻可以心想事成。有時候到達目的地的過程波折不斷，出現各種計畫之外的冒險。

另一方面，當我們愈清楚自己想要的是什麼，等目標出現在眼前時，也才愈容易辨認得出來，也更能夠樂在其中。

今天，我要對自己清楚說出內心真正想要的是什麼，然後放下自己意圖。

4月25日 也對別人坦白

小茜不喜歡傷別人的心。所以就算她不想跟某人繼續交往下去，也不會直接告訴對方。她會編一個藉口，認為這是「出於善意」。有時候她會故意製造戲劇化情境，順勢在盛怒之下提分手，或是編一個分手的理由，讓對方以為還有希望。

放下這些戲碼，把事情處理好。如果你知道自己跟對方交往到什麼程度，稍微顧及對方的顏面，但也是要盡可能把話說清楚。

你也要認清自己的感覺，觀察別人的行為表現。他們是否找藉口說不能再跟你在一起了？你是否幫對方不打電話找藉口？我們之中有人花很長的時間等待一個人，但對方心裡根本沒有我們。

別再老說別人想聽的話，因為明明就不是事實。也別老是說自己想聽的話，因為連你跟自己說的話也不是發自內心。別讓人癡癡等待，也別讓自己人生停擺。

盡可能對別人跟自己坦白。

今天，我會知道得到心中想要的東西不是做夢，而且我的人生有重心、為人誠實，即使這代表必須說出逆耳忠言，我也會這麼做。

4月26日 練習圓融處世

照顧自己不代表你有權利對別人刻薄。直話直說，不等於是去詆毀別人。有時候我們好幾年甚至是一輩子都是膽小軟弱的人，等到後來開始變得有自信了，卻又太過咄咄逼人，堅持己見。

我們不用刻薄也可以坦誠待人。即使要說該說的話時也可以很圓融，至少大部份時間可以如此。而且通常我們不需要太用力大吼大叫。

從過往的經驗中，我也學到一件事。我注意到每當我覺得自己愈弱勢或愈脆弱，就愈會提高音量說話，而且變得很苛刻。而當我真正覺得有自信、思路清晰、冷靜的時候，我說話的方式就會愈安靜、溫柔、親切。

下一次，當你覺得自己受威脅，或開始尖叫大吼的時候，告訴自己停止。深呼吸，然後努力用比你平常更溫柔的方式說話。

你可以用很溫柔的方式說話，表達自己真正的想法。

今天，我要用溫柔、平和的方式發揮自己的力量。

4月27日 別自以為對方話中有話

C小姐跟T先生交往五年了。在這期間，男方告訴C小姐說他不想太認真，所以也希望她別對他認真。C小姐聽了很不高興。她認定男方其實很在乎自己，因為這幾年相處的時光真的很棒，而且他都會一直回來找她。

究竟男方是否故意玩弄女方不重要，是否騎驢找馬也不重要，重要的是女方一直不相信對方說過的話，直到最後他為了另一個女人，拋棄她為止。

沒錯，別人有時候會拐彎抹角。沒錯，別人有時候不願意太投入。不過，如果別人把他們的感受告訴你，不要以為話中有話。字面上的意思是什麼就是什麼。這時你要修正自己的行為去符合現況，而不是一味相信自己腦中的幻想。

相信別人所呈現的樣子。你跟別人相處時也要坦白，讓對方也相信你所呈現的樣子。

今天，我會練習面對真相、處理真相，接受真相。

4月28日 盤點自己的生活

有時候我們汲汲營營過生活，很容易忘記要靜下來回想自己做過的事情。等到我們晚上要睡覺的時候，都已經累到不想再去想任何事情了。

何不每晚花一點時間，培養一個新的生活習慣，例如這個我們或許可以稱之為「盤點」的習慣。盤點的目的不是為了批評，而是讓自己有意識地專注在已經發生的事情上，並客觀分析事情的經過。回想這一天發生的大小事。你做了什麼？你對那些事情的感覺如何？哪些地方你可以做得更好？你明天想做什麼？最重要的是，這一天下來，你最喜歡哪個部分？

但可不要分析過頭了。不要把總結搞成自虐。你只需要說出自己做了什麼，哪些地方還可以再改進，哪一個部分你最喜歡就夠了。這個簡單的小活動會帶來意想不到的發現與力量。

今天，我會靜下來為這一天好好做個盤點。

活動：如果你已婚或有伴侶，可以相約每天一起做盤點，這樣會大幅增進彼此之間的關係。你也可以鼓勵孩子從小學會替每一天做總結。或者，你可以跟朋友講電話，把一整天發生的事情做個總結簡報。這樣你不只能更認識自己，也會跟對方變得更親近。

4月29日 問問上天該怎麼辦

我跟丈夫離婚後，開始過著單親家庭的生活。有一次，廚房裡一點吃的東西也沒有。我向上天祈禱，我自己沒那麼餓，但孩子都餓壞了。「別擔心，」耳邊突然響起一個天使般的聲音。「妳很快就不用再擔心錢的事了，除非妳不希望這樣。」頓時我心中感到無比平靜。雖然食物或現金沒有從天而降，但這股平靜的感覺非常真實。

幾年過後，我的兒子躺在醫院病床上。我摸著他的腳、他的手。我知道，就算呼吸器還發出咻咻聲，但我的兒子只剩下一具空殼而已。後來，我們決定拔管了。「沒希望了，沒希望了，沒希望了，」當時我只記得這幾個字。我跟兒子道別，走出病房，非常艱難地跨出腳步離去。

不過祈求會促成改變。它會改變我們、改變人生。不要只是遇到困難才祈問。每天都該祈求。真心地祈求。說不定哪一天你需要多一個奇蹟出現。

今天，如果其他所有可能我都試過了，我會試著祈求。

4月30日 使用溫柔的力量

世界上有一股力量，你可以稱為命運或使用其他名稱。這股力量會讓有緣人註定在一起。

這是有關蝴蝶的事情。

如果你把一隻蝴蝶緊緊抓在手裡，你會把牠翅膀上的油質都弄掉，然後牠就飛不動了。你可以藉由這個方法擁有一隻蝴蝶，但這樣蝴蝶就不是蝴蝶了。

如果你是真心愛蝴蝶，就不會只為了把牠抓在自己手裡而抹掉牠翅膀上的油質。如果你是真心愛某個事物或某個人，就不要抓得太緊。讓對方自由，讓他們做自己。不要抹掉蝴蝶翅膀上的油質。放手讓牠自己飛回你身邊。

今天，我要學會用溫柔的力量接觸每個我愛的人。

五月

學會什麼時候該採取行動

知道什麼時候說「夠了」・知道什麼時候該說「不」・知道什麼時候不再忍耐了・知道什麼時候你會爆發・展現自己脆弱的一面・知道什麼時候同情過頭・知道什麼時候該停止傷害自己・知道什麼時候該抽身・知道什麼時候該改變・有時候要花點力氣說「夠了」・告訴自己可以再等多久・知道什麼時候要付出的代價太大・給自己足夠的時間

5月1日 什麼時候該行動

有時候，被卡住可說是一種即將到來的冒險。

我們可能不知道要怎樣才能繼續前進。也有可能我們根本很享受被卡住的戲劇性效果。也許是我們的親密關係令人受盡折磨，也許我們的事業原地踏步，也許我們心靈上沒有成長，也許我們曾經很嚮往、想達到現在的狀態，但現在既然目標達成，該是時候繼續向前走了。

學會給自己一個時間點，不管是想要得到更多的時間點，或是想要得到什麼的時間點，或是停止忍受的時間點，這是練習放手很重要的一部分。

今天，我會記得自己有能力決定什麼時候該採取行動。

5月2日 知道什麼時候說「夠了」

「夠了」這個概念可以應用到我們的日常生活。

有時候我們遇到的困難看似無止無盡，我們能做的只有暫時找個庇護之地躲避風暴。但是往往得是我們自己要決定什麼時候要說「夠了」。雖然麻煩的問題在短時間內可能只造成一些不便，但時間久了就會讓人很煩。你要讓別人知道你的限度。你要讓別人知道你可以容忍的極限在哪，然後不要讓惱人的事情繼續干擾你的生活。

有一種人總是予取予求，他會抓住你的同情心一直找你吐苦水。你要能夠判斷在什麼時間點，那個人開始要從你身上得到超過你能給的，然後說「夠了」。

留意什麼時候對你來說負擔已太重。講明自己的停損點。

今天，我會了解、重視自己的底限。

5月3日 知道什麼時候太過頭了

心存感恩很重要。

可是有時候，我們壓抑情緒，不把自己對某個情況的真正感受說出來而悶在心裡，這也是想要掌控情況的一種方式。我們以為如果停止呼吸，不要抱怨什麼，把每件事做到位，上天就會很好心地把我們要的東西送到我們手裡。

你的生活中是否有某些情況，你一直希望只要自己咬緊牙根，就可以奇蹟似地好轉？如果你開始在某個特定情況中抱著守株待兔的心態，問問自己心裡真正的感受是什麼？

或許該是時候說「我受夠了」。

今天，我會原諒自己其實有需求，也有渴望。

5月4日 知道什麼時候該說「不」

說「不」也是一種表達「夠了」的一種方式。

對我們有些人來說，最難說出口的一個字就是簡單扼要的「不」字。我們不但不說，而且還咬牙苦撐。「如果我說『不』，對方會怎樣？」「如果我不這麼做，她可能就會跟我絕交。」「我不做的話這個案子會開天窗。」「我說『不』表示我不夠合群。」「說『不』是自私的表現。」諸如此類。我們虐待自己，攬下太多事情，超出自己所能負荷，然後自怨自艾，懷恨在心。而這些其實都是我們自找的。

瞭解自己的底限。知道什麼時候該說「不」。可能有人不喜歡你設定的底限，但通常那些就是想要掌控或左右你的人。有些出於好意的同事可能會告訴你這樣很自私，但你最該負責的對象其實是你自己。你要負的責任包括怎麼設下界線，以及什麼時候該設界線。

看看自己的行程。是不是完全滿檔，以至於沒有時間玩樂、放鬆，或讓自己成長？該是設定界線的時候了。記得，只有你自己可以決定什麼對自己最好。

學會說「不」，然後堅持到底。

今天，我會有力量為自己設定合理的界線，然後讓別人知道我只能幫到什麼程度，而且學會說「不」。

5月5日 學會說「不」跟「好」

把下面的句子大聲唸出來。

「不。」

「不，這不適合我。」

「不用了，謝謝。我覺得這樣不太對。」

現在試試這個。

「我要先想想再做決定，晚一點給你答覆。」

「我已經考慮過了，但還是必須婉拒。」

現在唸這個。

「我知道我之前說好，而且這確實是我當時想要做的。但我改變主意了。我沒辦法再這樣下去。這已經行不通。造成你的不便還請見諒。」

然後，再唸這個。

「不要再打給我了。」

你看，原以為說不出口的話，現在全說出來了。

現在，把下面的句子大聲唸出來。

「或許可以。」

「或許可以，但我認為不要比較好。」

「或許可以。聽起來很不錯，但我要再想想。」

「好。這樣很好。」

「好，這個點子我喜歡。什麼時候？」

「好，我很樂意。」

「好，但我目前沒辦法。」

以上是幾種基本的回話方式，其中幾句稍微有變化。練習說這些話。記在心裡，然後問自己什麼情況可以用哪些話。

練習誠實地把你真正的答案告訴別人。捫心自問，什麼對你好，什麼對你不好。

今天，我相信自己知道什麼時候該說「不」或「好」，然後會用最誠懇的方式說出自己想法。

活動：你是否不容易表達自己的想法呢？什麼事情最讓你難以啓齒？說「不」，還是說「好」？你可以試試寫一張「同意書」給自己。同意書的內容可這樣寫：本同意書准許XXX想說「不」的時候就說出來。這是為了提醒自己，你有能力在任何自己覺得合適的時候說「不」、「或許」、「好」。

5月6日 知道什麼時候該丟掉了

東西不能用了就丟掉吧。

你是不是仍緊抓著那些毀壞你人生的信念，以為非得怎樣才能變成一個快樂、自由的人？人生是一段旅程，帶我們走訪各地、認識形形色色的人、驗證各種價值觀。直到有一天我們發現這些觀念一個個不管用了，於是我們丟掉，挪出空間讓更多光照進來。

給自己時間和自由去驗證自己的信念。

現在，此刻你發現有個觀念不適用。那請看看你的人生，相信你自己，也相信你正在經歷的事情。當你讀到這裡，你發現有某個觀念站不住腳了，然後你知道該是時候捨棄那個觀念。

現在的你就很好了。你有目標，你的人生有計畫，你會照顧自己，你會思考、會感覺、會自己解決問題。人生有時候很困難，但也絕不必是折磨。人生不用過得那麼痛苦，也不會一直難受下去。再也不會了。你可以讓自己保持淡然，在愛中保持平和。

花點時間照照鏡子。不只坦然接受你在鏡中看到的自己，也要接受你相信你會看到怎樣的自己。

今天，我要放下那些劃地自限、傷害自己的觀念。

5月7日 知道什麼時候不再忍耐了

每個人都有自己調適環境的方式。小時候，我們會跟爸媽賭氣。等我們沒輒的時候會暗地裡說：「我要讓他們好看。以後我再也不要認真學音樂、打球、唸書了。」長大之後，我們可能必須面對失去、死亡，這時候我們會說：「我要與人為善，讓大家都快樂。這樣大家就不會離開我了。」或者我們遭人背叛，這時候我們會說：「我以後再也不會跟任何人交往了，再也不要了。」

調適通常是為了在事件跟行為之間建立錯誤的連結。這樣或許可以幫助我們生存，但有時候我們的調適行為往往變成劃地自限。久而久之。它變成一種習慣，主導我們的人生。我們自以為這樣是在保護自己或心愛的人，但事實卻不然。

你是否也為了調適多年前發生的某件事情，而刻意不讓自己去做自己想做的事情？如果真的有必要，如果這樣幫助你生活，那就調適吧。但是或許今天，就是你讓自己獲得自由的時候。

今天，我會釐清自己是否還在用過時的調適行為，來限制自己和人生。我會知道什麼時候我可以夠安心、夠堅強，放下只為求生存的調適行為。

5月8日　知道什麼時候你會爆發

生氣或受傷的時候你都怎麼自我防衛？

小時候，莎莉的父母會對她說一些傷人的話，還不准她回嘴，不讓她表達憤怒受傷的心情。「我處理怒氣的唯一方式就是閉嘴，告訴自己不在意，」莎莉說。「結果長大之後，我學會在生氣或受傷時變得很冷漠。我會自我封閉。只要我稍微覺得自己受傷或生氣了，就立刻躲得遠遠的。」

我們應該知道什麼樣的傷害跟憤怒會觸發內心的防禦機制。

當你覺得被背叛、受傷害，或生氣的時候，你會不會立刻有反應？你會不會把自己封閉起來？覺得自尊心受損？你會不會直接「離開」自己或別人？你會反擊嗎？

大部份的人際關係多少都有讓人受傷或生氣的時候。有時候這些感覺的產生，是在提醒我們要注意。但有時候可能只是微不足道的事，可以被解決的。可能很久以前你曾經需要保護自己，但現在你可以展現脆弱的一面，讓自己去感受自己真實的感覺。

瞭解自己在什麼情況下會開啟內心的防禦機制，然後學會照顧自己。

今天，我會學會在自己受傷、生氣、被欺負的時候保護自己。我會有勇氣展現自己脆弱的一面，然後學習用新的方法照顧自己。

5月9日 知道什麼時候同情過頭了

有時候我們很容易對周遭的人太有同情心。雖然有同情心很好，但太多了反而阻礙我們心愛的人成長。我們太清楚對方的感受，結果不讓他們對自己負責。太多同情心也會傷害我們，搞到最後自己反成受害者，還埋怨讓我們過份同情的對象。我們過度擔心對方的感受，反而忽略自己的心情。

過度同情表示我們不相信對方可以自立。這也間接告訴對方說「你不行」。「你無法處理現實生活中的問題。」「你沒辦法學到教訓。」「你沒辦法承受事情的真相，所以我把你當成無助的小孩來對待。」

太多同情心讓我們容易變成受害者，受人操縱。結果我們太擔心別人，卻忘了照顧自己。

以下幾項是有關如何發揮同情心的要點：

- 如果我們為了解決別人的兩難反而給自己製造麻煩，表示我們做過頭了。
- 如果我們太擔心別人會痛苦，卻忽略自己的情緒，那麼我們可能太過投入了。
- 如果同情心的真正原因是罪惡感，那可能就不是真正的同情了。

這不是叫我們停止關心別人，而是要尊重別人也有學習人生課題的權利。

當我們超過界線，同情過頭了，可以退一步，改採比較溫和的處理方式。

今天，我會知道在什麼情況下，過份同情反而會害到父母、孩子或朋友等身邊的人。

5月10日 知道什麼時候該停止傷害自己

當局者迷，旁觀者清，我們常可以一眼看出朋友或身邊親近的人有多麼死腦筋，但有時候要看見自己思考上的漏洞或盲點，卻不是那麼容易。

「我很愛她，但她已經結婚了。」「我很愛他，但他說謊成性。」「我愛他，但我知道他常常跟不同的女人亂搞。」

很多人在生命中某個階段都求神問卜過，但也有些情況你自己就可以預知未來。不要再毀壞自己了。仔細聽聽自己說出來的話。聽聽那些「但是」，那些從自己嘴巴裡說出來的話。沒錯，有些吸毒者確實會改過自新。沒錯，習慣偷腥的人有一天會停止。

每天都會聽到誰誰誰中樂透了。但沒中樂透的人更多。

有時候無法預知的事件會蒙蔽我們的理智。有時候則是很容易就可以預測到有麻煩了。不管怎樣，可以的話，趁早抽身，免得搞到最後自己身心受創。

停止傷害自己。聽自己說出來的話，把你會給朋友的建議用在自己身上。當然你可能是常態中的特例，但也可能不是。

今天，我會放下自己的盲點，放下那些毀壞我人生快樂與幸福的盲點。

5月11日 知道什麼時候該抽身

操弄、愛用騙術、性格異常的人，比比皆是，無所不在。有時候這些人其實不是真的有問題。他們只是正在經歷人生的某一個階段或一些事情，而這一切與我們無關。

有時候當別人想把自己神經病的事情通通丟給你，你大可不用去扮演心理治療師、救贖者或善心人士的角色，這樣只會讓你愈陷愈深。不管你用什麼方式，只要一插手就會被捲入其中。所以要立刻抽身。學會什麼時候該發揮人際溝通技巧，但也要學會什麼時候該跑、閃、躲。

今天，我在必要的時候會立刻抽身。

5月12日 知道什麼時候先照顧自己

你要把大半輩子都花在掌控一切上嗎？

有時候，我們很容易對某個狀況執迷不悟。我們見樹不見林，太專注想解決一個我們無法解決的問題，而沒注意到時間。於是人生咻咻幾聲就過去，轉眼盡頭就到了。

你是否曾經太執著要掌控自己無法掌控的事情？是的話，也許你該停止試著解決問題，先照顧好自己再說。

今天，我會意識到自己該做什麼才能照顧自己。

5月13日 依循自己的時間表

人生有些時間點非我們所能控制，有些卻可以。
就像你有能力決定「想要什麼」，你也有能力決定「什麼時候該停止」。

今天，我會知道什麼時候已把自己逼得太緊，或是過於謹慎。

5月14日 知道什麼時候該來點改變了

終究，夠了就是夠了。一直以來，我們緊抓著破碎的夢想不放，直到夢想變成背上的重擔；我們緊抓著斷裂的關係不放，搞得自己沒力氣去嘗試新的戀情；我們緊抓住期望、恐懼、擔憂及鎖鏈不放，把自己綁得好緊，直到再也忍無可忍的地步。

這時我們就像站在岔路口，其中一條路通往熟悉的地方，另一條則通往陌生之處。路的盡頭是什麼，我們看不見。那是未知之地，永遠無解。

你願意放手一搏嗎？你是否已忍無可忍了？還是你會選擇比較熟悉的路，重回熟悉的狀態，原地踏步？有時候即使不適合了，我們還是選擇留在舒適圈內，至少我們知道接下來會發生什麼。

放手一搏，去嘗試新的事物，踏上新的道路，就算你不確定路會通到哪裡也無所謂。

就目前來說，有心去改變就夠了。

要做到改變，就必須踏進未知的領域。

今天，我會辨識哪些事情應該放手我才能持續成長。我會離開舒適圈，踏上未知、看不見盡頭、也無從預知結果的道路。

5月15日 知道什麼時候該進行B計畫

很多人對於事情應該怎麼發生、關係應該怎麼進展，或是工作應該怎麼發展，都有一番規劃與想法。我們結婚，期待與對方的關係愈來愈好。我們跟人約會，期待可以有美好的結果。我們結交朋友，因為對方有某種吸引人的特質。當我們接受一份工作，或聘請別人來工作，我們也會預想接下來會怎麼發展。人人都希望事情順順利利。

雖然我們可以盡力把事情做到最好，但有時候還是事與願違。雖然遇到問題就逃避很不健康，也不鼓勵這樣做，但有時候我們必須斷除重大的問題。

有A計畫很好。但也要花點時間，想一個B計畫，這樣一來當A計畫失靈的時候，才知道該怎麼辦。有時候，如果事先想過，遇到危機時比較容易想出應變計畫。如此一來，當危機真正來臨時，就不用太驚慌，直接換上原本推演過的替代方案就好。

今天，你是否已經把緊急應變程序想了一遍呢？

今天，我會保持警覺心，能夠在問題發生時當機立斷，排除障礙。我會臨危不亂。

5月16日 只有你可以評估該怎麼辦

有些情況不盡如人意。或許我們根本不應該一開始就讓自己陷入這個窘境，或許我們應該更聰明一點。但事實就擺在眼前。不要因為你覺得羞愧就不照顧自己。那你該怎麼辦？可以跟別人談談。聽聽他們的想法。或者多閱讀。不過說到底，這是你的人生、你的關係、你的財務狀況、你的工作、你的家。全看你自己決定什麼對你最好，因為最後是你要承受你所做的任何決定的後果。

評估眼前的情況，再決定什麼對你最好。

為自己所做的決定負責。

你的人生該怎麼過才最好，這個責任在你身上。

今天，我不要再等別人准許我做什麼或不做什麼。我會自己做決定，也相信自己所做的決定。

5月17日 有時候要花點力氣說「夠了」

有時候我們可以很輕鬆知道什麼時候要設下界線。我們會說：「謝謝，不用了，這不適合我，」然後走開。也有些情況會讓人比較難以設立界線、堅持底限，或做某項決定。

表達拒絕的時候，不僅開口要求的一方不自在，聽的一方也會不舒服。有時候過程不只需要當機立斷或當場反應，還需要改變與相關人的生活模式。你可能需要透過專注、投入、堅持，來支持你提出拒絕的立場。

別以為設下界線、認真說出口是很容易做到。設下界線時可以預留空間，讓對方也可以表達一下情緒，也給你自己感受情緒的空間。

今天，我會有力氣跟決心說出「夠了」，而且堅持到底。

5月18日 設下界線的點子

G女士有個十七歲的兒子S。這孩子很討人喜歡、很聰明，卻也染上酒癮。

G女士愛子心切，但也覺得正處反叛期兒子的狀況讓她十分困擾。S曾經接受過治療，有一陣子恢復正常，但後來又再犯了。她的兒子有汽車駕照，也有自己的車。於是母子倆達成協議，如果他再酗酒的話，就要沒收他的車鑰匙。

S再犯之後，他開始對母親說謊。沒多久G女士就知道現在是什麼情況了。她知道自己的底限在哪。她沒收兒子的車子。

G女士很清楚知道哪些她做得到，哪些她做不到。她沒辦法讓孩子戒除酒癮，但她可以拒絕讓他繼續開車。

於是G女士採取行動。她拿了一把螺絲起子，把兒子的前後車牌拆掉，然後開車到郵局，把車牌打包寄給一個熟識的朋友，請對方幫忙暫時保管車牌，等兒子完全戒癮之後再寄還。

S知道母親已經劃下界線。六個月後，車牌物歸原主的時候，他已經完全戒酒。

有時候，光知道什麼時候該設下界線還不夠，也得想想怎麼去傳達最好。

今天，如果設定界線是我的責任，也是對我最有利的做法，我會知道該如何去實踐。

5月19日 告訴自己可以再等多久

把期限變成工具。

有時候，我們發現自己進退兩難。我們不知道下一步該怎麼辦，不知道如何解決問題，不知道接下來會發生什麼事。

或許我們正在跟某人交往，或許這段關係停滯不前，但現在還不是攤牌的時候。或許我們只需要讓對方多一點空間、時間，去解決自己的問題。或許我們努力打拼，事業卻原地踏步，但轉機仍有可能會出現。

我們內心比較有掌控慾的部分會說：「我現在就要知道答案。」但另外比較平靜、有智慧的部分會說：「放輕鬆。時機未到。你還沒有完全全盤了解。」

特別為自己設一個截止期限，告訴自己你有六週、三個月或一年的時間，改變局勢。先評估自己手邊的資訊，再決定下一步該怎麼辦。

有時候要幫助自己放鬆所要做的，就只是設定一個截止日期。我們知道自己沒有被困住。我們不是受害者。我們是有意識地決定放手，順其自然。

今天，我會有平靜的心，不去強求很快要有結果和解決方法。

5月20日 知道什麼時候事情可以完成

昨天我們談到用截止日期幫我們練習放手。自己設定的期限也可以幫助我們專注於手邊的工作，特別是被我們一拖再拖的事。

「我要早起，然後在早上十點前把房子打掃乾淨。」「我要在家裡閉關，用兩天的時間把報告寫完。」「我要在這個週末以前把衣櫃整理好。」

生活中很多時候，我們都該聽從自己內在心理時鐘的指示，決定該做什麼、什麼時候做。順其自然是心靈成長會經歷的一個過程，但有時候要靠自己設定截止日期，才能幫助自己把事情做完。

你需不需要幫自己設定期限？

今天，我會替自己設定適當的截止期限。

5月21日 知道什麼時候該二選一

截止日期不等於最後通牒。截止日期是利用時間壓力把事情完成，最後通牒則是用權力。

最後通牒牽涉兩種概念：「要是再不怎樣」和「就會」。平時最好少用最後通牒。但有時候，最後通牒是提醒別人注意的唯一方法。

請看以下這兩個例子。「你要是再不開始認真工作，停止酗酒，我就帶孩子離家出走。」「你要是再不準時上班，我就把你換掉。」

理想上，最後通牒不是用來要控制別人。最後通牒是讓別人知道我們的底限，向對方強調我們已經被逼到極限，想大喊「夠了」。

有時候有人利用最後通牒做為角力的工具。這些人發出最後通牒讓我們心生恐懼，尤其是害怕被遺棄的恐懼：「你要是不再照我的意思做，我就會離開。」「你給我安靜、對我做的事不要有意見，不然我就會生氣。你就等著被處罰，誰叫你要惹火我。」這種方法可能短時間有效，但終究會弄巧成拙。

別用最後通牒玩權力遊戲，也別拿它當成控制別人的工具。不要讓人用最後通牒掌控或操縱你。只有在你要告訴別人「夠了」的時候，才用最後通牒當做最後一次警告。

今天，我會分辨自己說出來的、還有別人對我說的話，哪些是最後通牒。

活動：回想過去有哪幾次別人對你發出最後通牒。效果如何？為什麼有效？為什麼沒效？你目前是否也被人用言語或非言語的最後通牒所控制？什麼是「要是不怎樣」的事？什麼是「就會怎樣」的事？你是否也利用或濫用最後通牒來控制身邊的人？小心生活中的言語及非言語的最後通牒。認清最後通牒的力量。

5月22日 知道什麼時候要付出的代價太大

所謂一件事情的代價，就是我用所有叫做『生命』的東西才能換來的總值，包括立即可見的現在或長期的未來。

——亨利．戴維．梭羅

我們常以為只要買了新車、換了新的男女朋友、工作有升遷，或是在精華地段買一間華廈，就會從此過著幸福美滿的日子，結果卻發現隨之而來的是更多的痛苦、代價、煩惱，超過事情或東西本身的價值。新車只有一半的時間用得到，新伴侶比你的狗更需要你照顧，升官之後週末都要加班，而新大廈禁止養寵物。

身外之物無法帶來真正的快樂，反而更常讓你身心俱疲，讓你比以前更加空虛。在你追求某件事物之前，想想你可能要付出的代價，包括時間、生活方式的改變、心力、維修、金錢等各方面。你願不願意犧牲自己生活一大部分，換取那件東西所帶來的快樂？你願意付出代價嗎？

今天，我會留意生活中大小事物的真正代價。

5月23日 知道何時已時機成熟

如果你等待的是最萬無一失的安全時機，你可能會希望落空。枯等無法讓你登上高峰、贏得比賽，也無法獲得永久的快樂。

——莫利斯・雪佛萊

「我只是在等對的時機。」這句話是我們常用的藉口。我們可以坐在球場邊，等待天時地利人和，但永遠不下場比賽。時間點永遠不對。你可以選擇等待某一天到來，也可以立刻行動。

你的人生有沒有什麼隱藏版的夢想？有沒有哪件事情是你一直想做卻遲遲未行動，久而久之也快忘記它的存在了？或許現在該把夢想重新搬出來了。報名駕訓班去考駕照。去當地健身房開始運動健身。放手去做看看。

向前邁進的最佳時機，就是你踏出第一步的那一刻。何不就從今天開始？

今天，我會有動力活出精彩、富足的人生。

活動：拿出你的目標清單。選一項你一直默默等待適當時機才要做的事情。告訴自己現在就是最適當的時機。然後開始去做。

5月24日 當下就做

我有個朋友一直說「等把素材整理好」就要開始寫作。她幾乎把該看的書都看完了，還上遍所有相關的寫作班。她的櫃子滿滿是收納箱，抽屜裡塞滿資料夾，電腦裡全是各式各樣關於寫作的檔案。目前只有一個問題。她不但遲遲未動筆，還老是給自己找藉口說：「要先怎樣，再怎樣……。」「我會寫啊，但等我先把這些資料整理好再說。」

你是否也常常躲在「先怎樣再怎樣」的面具後面？有沒有什麼事情總是讓你遲遲無法行動呢？脫掉那一個面具。開始施行你的計畫。開口約那個人出來。停止找藉口。消滅藉口。

學會當下就去做。

今天，我要剔除生活中的各種藉口，知道追求夢想才會成就多采多姿的人生。

5月25日　知道什麼時候該做那件困難的事

有時候，真正的機會之窗會在生活中開啟。我們有機會修補過去的錯誤。例如，剛好遇到對的時機點，讓我們終止這段關係或是解決這段關係裡的問題。這些開啟的機會之窗，就像老天爺賜給我們的禮物。我們要做的就是慢慢踏出第一步。但有時候，我們也要幫一下老天爺把窗戶打開，尤其當我們鼓起勇氣完成一項困難的任務時，更是如此。

我們可能一直在等待對的時間來結束這段關係。我們可能想找機會彌補錯誤，要向自己曾經傷害過的人道歉。我們可能有個新計劃想要嘗試。有時候我們只是被動等待，等了又等，直到機會之窗被油漆蓋過，或卡住打不開了。

善盡本份，下定決心說到做到，不管是什麼事情。然後放手，但也別放太久。要記住自己的決定。記得自己已經承諾要把窗戶打開。別強求，但要專注。你可能開始感覺到轉機，慢慢看見開口了。或者你可能必須搖晃窗框，再多用力推一點，靠自己的力量把卡住的窗戶打開。然後你就會看到、就會感覺到窗戶可以動了。於是，窗戶開了。

開啟自己生命中的那扇窗，下定決心去做到。

今天，我不要再一直等待對的時機，而是順從內心最深處的渴望，去做照顧自己必須要做的事。

5月26日 通過那扇開啟的門

有時候，生命中的門會關閉。不管我們多麼渴望得到，不管我們多麼努力嘗試，不管我們多麼想要追求某種特定的人生方向。

有時候門之所以關上，是因為我們還沒準備好穿過真正嚮往的那扇門。也或許人生中向你開啟的那扇門，就是你必須穿越的那一扇。那麼就儘管去吧，踏進去，到處看一看。雖然那扇門通往的地方可能沒有你想像中那麼好，但或許那裡才是真正適合你的地方。

你是不是正努力想推開自己生命中某扇緊閉的門？讓自己的人生輕鬆一點吧。

如果你很勤奮地嘗試把門打開，但門依然原封不動，請抬頭四處看看。改推推看別的門。看看哪一扇門會開啟，然後穿過它。

今天，我會相信自己的人生自有時程，也知道何時才是真正的時候到了。

5月27日 不必非做不適合自己的事

不是每一扇開啟的門都適合我們走進去。

有時候我們在一個昏暗的走廊上，兩側門窗緊閉。接著，突然出現一道微弱的光線。有人給我們一個機會：一份新工作、一段新關係、一個新的安身之地。但這時我們心突然一緊。於是我們知道這個機會不適合自己。我們還沒到走投無路的地步，可以不必考慮。

你還沒走投無路。即使真的走投無路，也要表現得不是這樣，如果這不適合你，那就是不適合。就算你心裡已經急得像熱鍋上的螞蟻，還是先退後再說吧。

沒必要做不適合自己的事。

今天，我會冷靜下來，有耐心，三思而後行，凡事諮詢後再做決定。

5月28日 知道什麼時候該專心

有時候我們的思緒會被打斷。

有時候放任思緒天馬行空一下是也不錯。但有時候得專注在某一件事情上，讓其他的牽掛和念頭從旁飄走。在這個充滿驚奇的世界上，我們握有強大的力量，其中之一就是對當下的事發揮奉獻、承諾、專注的力量。

學會專心在自己想要做的事情。如果某件事情讓你很難做下去，或是遲遲無法開始，那就做個承諾，全神專注把那件事情做完。

今天，我要學會專心完成手邊的重要工作。

5月29日　知道什麼時候該尋求庇護

船停在港口很安全，但那不是造船的目的。雖然如此，但也別忘了安全的避風港有它的價值。有智慧的水手對每艘船都瞭若指掌，所以若是當天氣狀況超出船可以承受的，就知道要進港避風頭。

我們學會照顧自己，是為了獲得生活上的自由。不過，我們也必須留意自己的底限。沒理由讓自己去承擔不必要的風險。

只有你自己能決定什麼是風險。每個人享受自由的程度不同，也有各自獨特的需求。雖然我們偶爾要測試自己的底限，這樣才能成長、改變。但暴風雨來襲時也要願意尋求避風港。

你不孤單。有許多避風港可以讓你安然度過暴風雨，保留體力，改天再航向大海。

你知道自己的港口在哪裡嗎？要盡力活出精彩人生，但也別忘了要勇敢，還要注意安全。

今天，我會在壓力過大的時候知道要找避風港。

活動：列出自己的安全港口，諸如可以信任、也支持你的朋友或成長團體。人生充滿壓力或挫折，在經歷那些階段時，你可以隨時尋求庇護，遠離暴風雨，保護自己。

5月30日 給自己足夠的時間

設定截止期限。知道什麼時候應該堅定說「夠了」。不要枯等所謂的完美時機。但是對自己，還有對別人也要溫柔一點。

一直等待是個陷阱。如果你只是等待，日子一天天過去，一晃眼就會是好幾個月、好幾年；只是等著別人或外在事物帶給我們快樂，或是奇蹟似帶來我們想要的東西，你是自掘墳墓。如果你已經掉進去了，請立刻爬出來。

但也要對自己有耐心一點。如果你正嘗試新的東西，無論是學新技能、展開新關係、正在解決問題，都要給自己足夠的時間達成目標、釐清狀況、了解狀況。

改變的種子會慢慢萌芽，有時候慢到無法察覺。生命需要時間。改變也需要時間。

你正經歷轉變，即將重生。

給自己時間當做禮物，也用同樣的方式對待別人。

今天，我會放下不切實際的期望，不期待自己或別人可以很快成長、改變。我會知道自己可以慢慢來。

5月31日 別一直想算準時間了

堅持、決心、明辨、承諾，是我們最重要的資產。我們集中精神、下定決心要把事情完成，無論是打掃房子、找諮商師協助處理我們自己無法解決的問題、尋找新工作，或是展開一段新關係等。有目標是好事。把目光放在面前的目標上也很有幫助。

放手、順應人生的四季變化也是如此。

我們和宇宙萬物都是一體。充滿在海洋、山巒、森林、生物的能量，也同樣充滿在身為人類的我們。我們憑什麼不信任生命的節奏？

播種之後，除了旱季要澆水外，其他時候就放手吧。草自然會自己長大。

今天，我會放下急躁的性子，順應生命中的自然循環，相信人生自有適當的時間點。

六月

學會告訴自己「放輕鬆」

練習心平氣和・擔心的時候就告訴自己放輕鬆・放下緊繃的情緒・你有的是時間・停止批判・放下罪惡感・別再武裝自己・放輕鬆就會事半功倍・跟著感覺走・態度有感染力・事與願違的時候就放輕鬆吧・就算被攻擊也要放輕鬆・當人生遇到波折時，放輕鬆面對現實・放輕鬆也是一種療癒

6月1日 學會說放輕鬆

不管我們現在是在追逐夢想、嘗試放下一段關係、試著養家活口、想探索自己的內心世界、脫離對某個人事物的依賴、正從失去的傷痛中平復，或只是單純過日子，即使整個過程中，感覺自己像是以兩百公里的時速正朝地面墜落，我們還是可以找到方法，達到所謂的「放鬆狀態」。

我們可以在感覺快要失控的時候，深呼吸，告訴自己不要想太多，讓自己放鬆。或者就是讓自己完全去感受，然後記住當下的感覺。

練習放手的過程，就是學會說放輕鬆。

今天，我會學會放鬆自己的心，就算當下覺得根本不可能，也要試著放輕鬆。

6月2日 練習心平氣和

我發現往往當我們的內在完全放鬆時，改變也悄悄降臨了。

——薩爾克

放鬆。讓自己冷靜下來，平緩地呼吸。不然沖個澡、散個步、喝杯茶、游個泳、看電影、聽音樂、去按摩、靜坐，或者聽聽別人講笑話，都可放鬆身心。

留意一下，當你內心放鬆的時候，身體會有什麼感覺。你是怎麼站、怎麼走、怎麼坐，又怎麼呼吸？當放鬆時，留意自己有什麼感覺、想法。那種狀態宛如一片清明，你的心中沒有絲毫憤怒的念頭或感覺。也沒有恐懼的念頭或感覺。

練習放輕鬆，練到不論何時何地都能讓自己放鬆為止。

什麼時候該放鬆呢？當有困擾卻無計可施的時候；當害怕的時候；當很確定必須行動卻又不知該怎麼辨的時候；當執迷不悟、有罪惡感、悲傷、孤單、想向人傾吐感受的時候。

練習讓自己內心放輕鬆，就是練習讓自己的心平靜下來。

一直練習，直到可以隨時隨地讓自己心平氣和。

今天，我會學會如何有意識地自我放鬆。

6月3日　開始擔心的時候就告訴自己放輕鬆

有時候我們還沒開始就先把自己搞得筋疲力竭。

我們總是先內心掙扎一番，最後才同意、讓步、決定走自己的路。因此等我們開始行動的時候就納悶，為什麼自己如此疲累。

「為什麼我總是遇到這些事？」「如果我試試這麼做會怎樣？」「如果他／她離開了，我該何去何從？」「沒有他／她我怎麼活下去？」「如果我做不對怎麼辦？」「如果這樣，會怎樣？」

人生道路有時候需要爬坡。那就順著坡走上去吧。有時候我們會遇到障礙。那就從旁邊繞過去吧。當我們花很多時間與精力在煩惱、抱怨、懷疑眼前的路，等於也把精力都耗光了，那麼還不如把精力花在體驗人生的旅程上。

放輕鬆。接受眼前的道路。平坦的路其實是很無趣。

如果我們可以從目前的位置一眼看到路的盡頭，那根本也沒必要走這一遭了。別再抗拒人生的旅程，從現在開始好好享受人生吧。

今天，我要停止擔心、埋怨，全心相信生命和宇宙自有安排。

6月4日 別太強求

別再強求讓事情發生。難道你不明白，強求太過反而是毀掉自己嗎？

其實還有別的、更好的方法。

順服，並不是要你屈服自己想要事情怎樣的慾望，而是向現狀順服。有時候，這表示我們得順服孤單、失敗、困惑、無助感。有時候這表示雖然我們今天無法心想事成，但我們至少有今天所擁有的事物。

這個世界上有太多我們無法控制的事情和狀況。我們不順其自然又太過強求，就無法發揮真正的實力。

或許有些事情必須先發生之後，你才能得到自己想要的，或做自己想做的事。或許你根本就想直接跳過重要的課題。或許時機未到。總之，不要強求事情都如自己所願。與其嘗試去完成不可能的任務，不如做自己能做的，也就是接受現狀。

然後靜觀其變，一切終將水到渠成。

今天，我會停止揠苗助長，提醒自己現狀一切都很好。

6月5日 你沒辦法掌控那麼多

放輕鬆一點，不要用蠻力強求，一切都會順利。

我們可以做很多事情讓人生過程順利、稱心如意。例如，我們可以向良師或益友請益、閱讀正面的書籍、參加心靈成長團體、聽音樂，或者已經在參加課程的，就全心投入，然後從中獲得成長。我們不要變得太過自滿。安全意識還是很重要。不過一旦我們安排得當，就不用擔心會失控。

實踐自己的計畫，踏上正軌。不過，如果說設定好自己的人生很重要，那麼好好過一個精彩的人生也很重要。稍微放鬆一點。只要自己下達的指令正確，人生就會一直順利開展。

今天，我會放鬆，放下煩惱與自我懷疑，然後盡情享受人生以及生命所帶來的各種體驗。

6月6日 放下緊繃的情緒

在《尋找與善用你的內在力量》這本書中，作者提到一個用鑰匙想打開門，卻怎樣也無法把門打開的情況，來比喻當我們很緊繃、很害怕的時候，我們會手忙腳亂。有時候其實是那一把鑰匙沒錯，但因為我們操之過急而打不開，表示我們太緊張、太緊繃了。

放輕鬆。看！你越不去掌控、越不強求，狀況反而會越順利。

也許你一直想用來開門的那把鑰匙是正確的，也許是你太恐懼和驚慌，結果門反而打不開。也許你只是太用力了。

只要放鬆、放手，事情就會變得比較易如反掌、迎刃而解。如果你在面對生活、愛人、工作、玩樂的時候，內心都是放鬆平靜的，你就可以發揮自己真正的力量。

一切以自己的重心為出發點。讓事情順其自然。

今天，我會一整天都平靜、自信和喜悅。

6月7日 你有的是時間

如果我們相信自己這段關係或工作一定要合乎某種狀態，一旦情況沒在我們預期的時間範圍內如自己所願發展，我們很容易便感受到壓力。例如，我沒在某個時間內升職，所以職涯無法按原定計畫走；或者與伴侶的感情問題彷彿變成龐大、可怕的怪獸，一連串問題，啃蝕掉兩人相處的每一分鐘。

不過如果我們相信人生沒有時間限制，壓力就會慢慢消失。就算這個星期我沒有被提拔，也許下個月就會升職，而且說不定到時我也不想升遷了。有些看起來很嚴重的感情問題，如果不要一直以放大鏡去檢視，就會船到橋頭自然直。由於我們不再刻意一天到晚「經營」這段關係，我們跟心愛的人相處的時光也會變得開心多了。

當我們以為凡事都有時間限制，就會太過拘泥於某些時間點的小細節，以至於我們總是無法真正享受下一個當下。當我們開始超越時間問題，就會容易放鬆自我，體驗人生必經的課題與喜悅。

今天，我會放輕鬆，認清就算今天沒能解決問題，問題終究會迎刃而解。而且我有的是時間。

6月8日 停止批判

只要我們抱著批判的心態，我們就無法真正放鬆。只要我們判斷事情或情況不是好就是壞，就是逼自己一定要做些什麼來因應。例如，我們看到某個人很棒，我們就不自覺開始拿自己跟對方比較：「我有沒有比人家好，還是比人家差？」「我可以怎樣再更好？」如果我們認為某個東西不好，我們的良心會要求我們想辦法剔除它。

不管哪樣，當我們太忙著批判，不斷在腦中創造假想情境，就會害自己無法放鬆，無法欣賞現狀。今天，就放下批判眼光，然後放輕鬆。當人生中出現福報或好事，就接受，不用非得去跟別人比誰更好或更差。

如果有什麼事情損害或傷害到你，你自己會知道，然後等時機成熟的時候再處理。留意自己生命中的人事物。但放輕鬆，好好享受一切，不要老用批判的眼光觀看。

今天，我會學會欣賞生命中的人事物和各種經驗。

6月9日 實踐人生

今天，試試這個小練習：去外面撿一塊扁圓形的石頭，可以放進包包的大小。回想自己至今還未完成一個的目標，想想是什麼原因造成的，例如恐懼、編藉口。然後寫在石頭上。

接著把石頭隨身帶著。你應該有寫到害怕丟臉吧？吃晚餐時把石頭帶著，看電視的時候帶著、上廁所也帶著，洗澡也帶著，就連晚上睡覺也是。第二天，一整天都把石頭帶在身上，讓它隨時提醒你，別忘了自己的夢想和恐懼。感受一下石頭是多麼笨重、礙手礙腳。現在，一天結束了，帶著石頭坐下來。看看石頭上的藉口，下定決心把這些藉口通通放掉。接著就把石頭放在大門邊。感覺輕鬆多了吧？以後每天早上出門，你都會看到那塊石頭，很粗糙、礙眼吧，那就讓它留在原地，讓時間跟灰塵消滅你的恐懼。

你一定有夢想、希望、野心，而你的恐懼跟藉口就是一塊塊的石頭，拖累著你，讓你沒辦法來去自如。把石頭拋在身後，去實現自己人生的夢想吧。

今天，我要放下那些阻擋我徹底、開心過自己人生的每一件事。

6月10日 放下罪惡感

罪惡感是一塊大石頭，存在我們內在的深處，每晚讓我們翻來覆去睡不著。

昨天，你犯錯，跌了一跤。那是昨天的事。而且你已經修正錯誤了，也發誓說今天會做得更好。既然這樣，何必老是把罪惡感背在身上呢？

昨天的事留給昨天。今天，重新開始，你可以放下愧疚，勇敢追求人生，放鬆享受內心的平靜。

有時候，我們已經按照方法去做了，但還是很愧疚。到底問題出在哪呢？那是因為我們緊抓著罪惡感不放，又把自己逼得太緊了。

你會發現，一旦能夠放下昨天沉重的罪惡感，就會比較容易放輕鬆，盡情暢遊人生。

今天，我要放下過去所有的罪惡感，重新出發。我會履行自己應該要做的修補，然後放下罪惡感。

活動：如果你已經採取行動修補錯誤，而且已經清除合理的罪惡感，罪惡感卻還是如影隨形，請試試以下這個方法。每天早上起床跟晚上要睡覺的時候，都照照鏡子。看著自己的眼睛，然後大聲說七遍「我現在放下一切罪惡感，應有跟不應有的都通通放下」。試個一星期，看看罪惡感會不會消失。

6月11日 別再武裝自己了

你是不是到哪裡都穿著盔甲，把自己武裝起來？通常，當我們小時候曾經受過傷害，或長大成人之後常常受到傷害，我們就會穿上情緒的盔甲，保護自己不再受傷。我們把面罩拉下來以免看到痛苦，也擋住所有讓人傷心的場景，眼不見為淨。我們用尖銳的話、操控的行為、角色扮演等……各種方法做為武器，讓自己不再受到某些人的傷害。我們習慣讓自己活在戰鬥狀態，於是沒多久，人生就真的變成一場搏鬥。

停止戰鬥。沒錯，你受過傷。很多人都受過傷。但當你以偏概全，遇過壞人就以為天下所有人都是壞人，你就看不到每個人真實的一面。你的世界只限於面罩下看出去的範圍。

你每天都在成長茁壯。現在的你很安全。何不暫時卸下武器，掀開頭盔的面罩，看看身邊的人真正的面貌：他們大多數都是親切善良的平常人，就跟你一樣。他們可能也曾經受過傷，也痊癒了。他們成功過，也失敗過。他們笑，他們也哭。放開心胸跟他們相處，讓人與人的分享療癒你和你的心。

今天，我會卸下自己的防衛心，敞開心胸看見別人好的一面，了解如何與人為善。

6月12日 放輕鬆就會事半功倍

J先生是一名職業廚師。他從青少年時期就在廚房工作。一開始只是洗洗碗，後來成為某間知名外燴公司的老闆。唯一的問題在於，當事業愈成功，他也就愈沒有自己的時間。不過他自認為在所有他認識的人裡面，沒有誰比他更認真打拼。他深信公司沒有他就會倒閉。

然而，J先生萬萬沒想到，自己老婆居然為了一個事業成就遠低於他的男人離開他。

當我們事業有成的時候，要我們放下工作休息很難；好像如果沒有事必躬親，隨時待命，成功就會離我們而去。然而，事實上，我們太忙著賺錢，反而忘記要好好享受人生。

好好想想你能不能減少待在辦公室的時間，多花點時間陪陪自己，也陪陪你心愛的人。休息一下，這對你工作的動力、還有對工作的熱情，會有令人意想不到的影響。

今天，我要練習享受人生，找到工作的樂趣，也學會陪伴心愛的人。

6月13日 放鬆，跟著感覺走

獲得力量的秘訣就在於流動。

常常我們想要控制人生中發生的大小事，反而會過了頭，阻礙了自然的發展。我們以為，如果我們可以讓事情都照著我們所想的發展，一切就會很順利。我們把宇宙的能量關在瓶子裡，結果卻是扼止了能量流動。

放掉掌控慾。

讓生命的能量圍繞你，充滿你。你可以學著導引能量流動的方向，但不用去控制它。放開心胸面對周遭的能量，不要老是試著要扼阻它，就讓能量流動吧。

會流動的能量才是有助益的能量。

放輕鬆，讓宇宙的能量流動。你會更容易獲得它的力量，收放自如。

今天，我會放下自己的掌控慾，放下自己心中的恐懼。

6月14日 你的態度有感染力

放鬆的心情是有感染力的。

正如有些人總是一副愁雲慘霧、驚慌失措、抱持著負面的心態，這些都會影響到身邊的所有人，反之，放輕鬆、頭腦清楚、有自信但不自大，這樣的態度也會慢慢感染我們身邊的所有人。你是否認識那樣的人：具有幽默感、隨遇而安、樂天知命、怡然自得的人？這樣的人不僅明白一切事情終究會迎刃而解，也知道現在所有的事情也沒問題。

如果你有打算向人傳達什麼，就散佈喜悅與善意吧。

今天，我會讓自己的心情開朗，散播歡樂和喜悅。

活動：留意今天自己是怎麼過的。如果要你用中立的角度觀察自己，你會怎麼形容自己呢？你會用哪些字眼來形容自己？你希望用哪些詞語形容自己？觀察你怎麼跟別人互動，包括你認識的人，還有不認識的人，例如店員、銀行行員等陌生人。不要評價自己言行的好壞，只要觀察就好。關鍵在於有所體認，認清自己是什麼樣的人，怎麼回應別人，別人又怎麼回應你。然後好好決定你要用什麼樣的態度跟周遭的人互動。

6月15日 以和為貴

我開始練習以不反抗、和諧為原則的合氣道後，發現自己還是非常會抱持抗拒的心態。我愈想放鬆，愈想練習不要反抗，卻感覺變得更抗拒。我的人生、行為、呼吸、工作、生活，以及愛人的方式，沒有一樣事是放鬆的。

只要浮現任何感受，我當下的反應是：「喔不，我不能有這種感覺。」

只要遇到問題出現，我的第一反應是：「不，怎麼可能會這樣。」

如果有人不同意我的話，我就會立刻反擊，或是強迫別人接受我的想法。

如果我被交付一項工作，我會一開頭就很緊張、害怕。

跟自己以及他人和諧相處，是每個人一生最大的挑戰，也是最大的獎勵。只要告訴自己，放輕鬆，就可以了。

從放輕鬆開始，或者有人說是順服，我們就能發揮真正的力量。我們會知道如何處理自己的感覺。我們會自然而然被引導往下一步走。

今天，我會認清生活中哪些時候自己是抱持抗拒的態度，然後放手。我也會學會在往後的日子中如何有意識地放鬆自己。

6月16日 被惡整的時候，要理性以對

我們有權利讓自己想多生氣就有多生氣，但有時候採取和氣的態度，會比義憤填膺、大吼大叫，或反擊回去的效果好更多。不論遇到怎樣被人惡搞的情況，都請放下硬碰硬的念頭，改練習以和為貴。

今天，我會發揮以和為貴的力量，用謙卑、尊敬的態度行走於這個世界。

6月17日　事與願違的時候就放輕鬆吧

妳的男友打電話說要跟別人去爬山一個星期，所以要取消跟妳的約會，還說希望妳不要生氣。

你刷卡時，出現存款餘額不足無法扣款的情形，你想不透怎麼會這樣。你向來都很謹慎，注意收支平衡。你已經很努力不要刷爆了。怎麼會這樣！

當人生似乎強迫你有所反應的時候，該怎麼辦？你可以驚慌失措，變得焦慮不安、大吼大叫，用強硬的方式回應。但這樣恐怕無法解決問題。反而可能把事情弄得一團糟。

或者你可以冷靜下來。深呼吸，告訴自己放輕鬆。可能的話，在生氣、心亂的時候，話說得愈少愈好。如果有什麼不公不義的問題，或突發狀況打亂了自己的生活，試著慢慢發出「嗯」的聲音。先讓自己冷靜下來，再決定接下來該怎麼做。

每個人都有氣憤、想要大吼大叫的時候。不過這種時候，通常都無法解決問題。在採取行動之前，先安定下來，冷卻情緒、整頓思緒。

然後你會發現，當你平靜、情緒穩定時，你比自己想像的還要強大。

今天，我要學會放鬆，順應人生，開始用更自在的方式度過人生的高低起伏。

6月18日 就算被攻擊也要放輕鬆

所謂的攻擊有很多形式、樣貌。有的時候我們會遭受他人情緒上的攻擊，成為別人出氣洩憤的對象。有時候也可能遭受肢體上的攻擊。

自我防衛很重要。但是當我們被攻擊的時候，很容易會對於照顧自己跟保護自己覺得很混淆。對我們發飆的人可能是我們的老闆、伴侶、小孩、朋友。你可能最近開始跟某個認識不深的人約會，結果那個人突然口出惡言，胡亂發飆。我們直覺反應是立刻還擊。

如果有人對我們怒吼，惡言相向，或出手傷人，我們通常會立刻反應。我們會瞬間繃緊，反擊。然後狀況愈演愈烈。因為另一個人的恐懼與憤怒會感染我們，讓我們也變得恐懼、憤怒，態度惡劣。當我們的情緒太過強烈或起伏不定，反而會火上加油，讓事情變得難以收拾。

與其把情況搞得一團亂，不如試著平和以對，讓情勢恢復平靜。然後你會很訝異發現，學會放輕鬆與和諧相處，會帶來意想不到的效果。屆時你也更能夠發揮自己真正的力量。

今天，我要讓自己心中充滿和氣，讓自己無論何時何地，都能化解各種衝突。

6月19日 當人生遇到波折時，放輕鬆面對現實

有時候，不管我們多麼希望盡量為自己做最好的安排，計劃總是趕不上變化。分手、工作受挫、朋友漸行漸遠都可能發生。我們無法掌控或理解的各種原因，讓情勢一波三折，結果完全不是我們心裡所想的那樣。

你是否一直希望能夠逆轉情勢，讓它恢復原來的樣子，或是你原先希望的樣子？你是不是告訴自己，問題在於你，但是其實情勢已經不是你原本以為的樣子了？事情往往不會完全照著我們的計畫或預期走。有時候，我們不得不忍受顛簸的路段，然後設法通過。可是我在這裡要談的是，那些人生突然出現驟變、令人難熬的艱困時期。

身處這些時期的我們，應該停止折磨自己。放下自己原本預想的情況。如果人生突然給你來個急轉彎，不要苛責自己。不要嘗試把事情變回原本的樣子。學習應變。回到當下。讓自己可以接受眼前新的情勢。

路不一定永遠都會是直的。有時候即使是你真心想走的路，也會有各種突如其來的曲折。

今天，我會放輕鬆，相信自己有能力因應現狀，不再執著於自己想像中理想的狀態。

6月20日 放輕鬆面對真相

有時候，我們必須面對一些自己不願意面對的事。

我們最近交往的對象真的不適合我們。我們的孩子不再只是童言童語編故事，而是開始撒謊騙人，甚至會偷東西。

有時候，發現真相的那一刻，就像在我們的生活中投下炸彈。有時候，我們會逃避真相，不管我們假裝自己多有戒心或多無辜，我們一生都曾經傷害過別人，我們應該坦然接受這個事實。例如或許孩子們都已成年，離家獨立生活了，但我們卻不願意接受這件事，還假裝自己的生活重心都圍繞著孩子們打轉。或許真正的事實是我們在生氣，覺得自己被拋棄，或是有受傷的感覺。

人生有很多時候不得不面對真相。

放輕鬆。放下自己的錯覺。轉身看看自己逃避的東西。逃避真相只是鴕鳥心態，不管我們多麼希望問題憑空消失，問題還是存在。

如果你有時候會逃避真相，請溫柔地去面對那些你一直在逃避的事情，因為力量就在真相裡。

今天，我要放下錯覺，明白真正的力量來自於認清事實並接受真相的那一刻。

6月21日 先讓自己冷靜下來

冷靜下來。

我們的一生會經歷各種大小事件。有時候，事件發生是為了吸引我們的注意力、預告我們即將學到的功課、指引我們走往正確的方向。但有時候，事情發生是毫無緣由。

我們對這個世界的情緒反應很重要。你感覺怎樣？你喜歡什麼？不喜歡什麼？你是不是一直否定什麼，即使已經在眼前發生卻還不願意承認？那些被我們察覺、感覺的事情，還有更重要的，那些我們心底有數的事情，在我們的心靈都是重要的部分。

過猶不及，我們不能沒有反應，但也不能反應過度。

當事情發生時，先讓自己冷靜下來，感受自己的情緒。不要馬上就否認。感受每種感覺帶來的波動，然後讓自己的思緒輕輕掠過。重點在於不要對這些情緒有回應，情緒過了就算了。

你的力量來自於平靜與思路清晰。如此你才有辦法獲得解答、洞察力，並記取教訓。

狀況發生時要做的第一件事，就是去感覺自己的感受。

再來是讓自己冷靜下來。唯有以平靜為起點，你才有辦法接受引導走向下一步。

今天，我會知道如何三思而後行，不要因情緒波動而衝動行事。

6月22日 放輕鬆也是療癒的一種方式

停止、平靜、休息是療癒的先決條件。當森林中的動物受傷時，會找一個地方躺下，徹底休息個好幾天……牠們只是休息，等待傷口自行痊癒。

——釋一行

我們受傷，我們受苦。我們傷害心愛的人，他們也傷害我們。死命去找答案對我們沒有好處。假裝自己沒受傷也沒有用。受傷的時候，傷口需要休養才能癒合。心靈也是如此。如果我們老是去戳弄傷口，揭開傷疤，老是用別人的意見觸痛自己的傷口，傷口當然無法癒合。

如果你曾經受過傷，就接受事實吧。用心體會你的傷。知道傷口的存在，讓它癒合。也許，你暫時不跟那個人講話會好一點。也許，你需要放下那段關係。也許你只是需要可以靜下來的時間。不管答案是什麼，找一個讓你安心的地方，讓傷口痊癒。

如果你覺得很痛，就感受痛的存在。感受那份痛苦，然後停止摳弄傷口。躺下來。不要再掙扎，放輕鬆。讓你的傷口有足夠的時間與休養，慢慢痊癒。

今天，我會放輕鬆，練習停下來、平靜、療癒。

6月23日 放輕鬆享受這趟旅程

我們可以決定把自己的人生繃得多緊或多放鬆，但是不管我們決定怎樣，外在情況都不會變，別人、天氣、你前面那台車的駕駛都不會因此改變。通常，儘管我們無能為力改變情況，我們還是會拼命搏鬥，把自己繃得很緊，老想掌控一切，其實我們只需好好放鬆，學會盡力而為就好。

我們沒必要改變這個世界。它早在我們誕生以前就已經存在了，而且等我們不再這個世上了也還是會存在很久。你可以選擇花一輩子的時間跟它對抗，或者你也可選擇放鬆，放下掌控慾，順著宇宙一塊運行。

人生無法控制的事情，就放手吧。

順其自然。放輕鬆，學會順勢而為，別老是與之抗衡。如此一來，你會獲得更多力量與成就，還可能得到樂趣。

今天，我會學習意識到自己在人生哪個部分會想掌控不可能的事，然後放手，享受人生的旅程。

6月24日 找出放鬆的方式

在此分享一些對我個人有用的放鬆方式：熱水澡，不管是暢快淋浴、泡按摩浴，或是單純泡個熱水澡都好；在腦中想像某個畫面；親近自然界有大片水域的地方，就算沒辦法親自去，也可以欣賞一張海洋或是有美麗海景的照片；喝一杯熱的花草茶、按摩、聽音樂、看一部好電影、大笑，或者做深層有意識地呼吸、彈琴、去戶外曬太陽。

我們每個人都有自己的需求，也有自我放鬆的方式。你自己是不是也有常用的放鬆法？沒有的話，今天可以好好想個幾項了。

今天，以及未來的每一天，告訴自己，我要至少做一件讓自己放鬆的事。讓身體記住放鬆的感覺，然後一整天下來，每當自己繃緊的時候，便有意識地讓自己回到那種放鬆的感覺。

今天，我會學習不同的放鬆方法。

6月25日　順應上天的意旨

有段時間，我壓力大到不知該如何是好。那時我的人生有一堆棘手的問題，讓我覺得自己的人生就像一堆爛泥。

當時一位朋友突如其來問了我一個問題。

「妳現在做什麼？」他問。

「我在努力要順天而行。」

「才怪，妳是在設法解決問題。」

後來，之前原本絞盡腦汁想要解決的問題就都解決了。那時要嘛就是我跟著感覺走，採取了當下感覺是正確的行動，要嘛就是答案自己找上門來。問題當下的解決方式都一樣：放手。順勢而為就對了。

有時候我們下一步該做的就是順服。

如果你不喜歡「順服」這個字眼，也可以改用「順應」。

今天，我會順應而行，特別是當我不知所措的時候，更是如此。

6月26日 暫停一下

你坐過旋轉木馬嗎？你在旋轉木馬台外面看過嗎？

看著呼嘯而過的木馬，不管紅色還是綠色，它們速度完全沒差。你想再怎樣瘋狂拉扯韁繩，都只是白費力氣。看，它們又轉回來了，不管你有沒有坐在上面，它們都會一直旋轉，一圈又一圈。

沒錯，坐在上面很好玩，燈光閃爍、音樂震耳欲聾。記住你是可以做選擇的。就像你面對旋轉木馬時，你可以選擇騎上去，在舞台正中央，跟著木馬上上下下、一圈又一圈，或者你也可以下來，看著旋轉而過的馬匹一直旋轉，一圈又一圈，讓木馬自己旋轉。

你想待在哪裡就在哪裡，然後三不五時地，放輕鬆。

今天，我會記得自己是有選擇，放輕鬆與放手是其中兩個選項。

6月27日 內心放輕鬆

冥想不必然是件苦差事。只要像森林裡面的動物一樣，讓你的身心休息就可以了。不要掙扎。不用想達到什麼目的。

——釋一行

人生不需要奮力掙扎。沒錯，各行各業都有很忙跟輕鬆的時候。截止日期、工作進度、預算、時程都會有。但當我們費力掙扎，我們就會在奮戰過程中把力氣耗盡，再也沒有精力投入企劃構想中。如果可以放輕鬆、專注執行工作，放下期限問題那該有多好。工作該做完的時候就會做完，只有把注意力放在如何把工作做好，而不是期限問題，才有可能提前完成。

你是不是把寶貴的精力用來和自己奮戰與爭鬥呢？「我要怎麼做得完？」「如果做錯了怎麼辦？」「如果怎樣會怎樣？」放輕鬆。只要專心當下的工作，用平靜、自在的態度，微笑以對。佛陀有一句話：「飯吃完了，去洗碗吧。」人生的美好就是放輕鬆，專注於手中的工作。放輕鬆。享受自己今天所做的工作。

今天，我要停止抗拒，學會放鬆。

6月28日 需要休息時就休息一下吧

「再過兩週就可以放假了，」我們說。「我就可以放鬆了。」然後我們繼續過著充滿壓力的生活，汲汲營營，東奔西跑，忙著把這個或那個做好。

放鬆為什麼要等？為什麼不今天就放鬆？充分活出當下的意思，是指當你需要休息的時候就休息，累的時候就小睡片刻。下午給自己請半天休假。星期六的早晨一個人去公園走走。洗一個泡泡澡。帶孩子們去動物園玩。

我們常常覺得自己一直在跑，跑個不停，就為了趕上世界的腳步。這都是我們自己的想像。很多時候我們其實都是原地跑步。停！唯一會強迫你留在跑步機上的人，只有你自己。沒錯，我們都有責任要顧，但花時間好好照顧自己也是我們的責任之一。

今天，我要以平靜、優雅的方式，聆聽內心的需求。

6月29日　冥想

太活躍的心智，就不是心智了。

——西爾多・羅特克

我們可以學會在日常生活中放鬆自己。比方說，覺察那些一般的時刻；放鬆；讓自己的心靜下來。在那些時刻裡，聽聽自己的內心想對自己說些什麼。

看看一起吃早餐的家人、圍在飼料盤旁邊的小鳥、草地上的露珠、月光下散步時的人影。看見平凡事物的美好，看見這些令人平靜的時刻，然後盡情感受。當你學會放鬆並享受平凡的美好，你就更能夠在壓力很大、卻又需要頭腦清楚、專心致志的時候，放鬆自己。

練習冥想就是練習心靜，維持正念。冥想讓人練習察覺自己的身體和內在，並且與之調和一切。冥想的目標之一，就是讓我們能夠每天隨時抱持正念。當我們可以抑制心中的雜念，我們就會看見自己真心該追尋的道路。

今天，我要學習讓心中各種吵雜、煩人的世俗雜念平靜下來，讓自己在熟悉的環境中放輕鬆，讓自己能夠察覺並欣賞平凡的美好。

6月30日 怡然自得

「你這時候在做什麼？」我在電話裡問一位朋友。

「我在我的客廳裡看書，」他回答，其實他把自己包在睡袋裡，在戶外藉著昏暗的營區燈光看書。

「有時候我會拿睡袋，直接睡在星空下。」

有時候，我們埋頭忙著為自己打造所謂的「家」，卻創造出太安全、太拘束、太狹窄的家。我們都忘記地球這個我們自己真正的家。睡在屋子裡很好。在自己家裡很輕鬆自在也很好。但別讓你舒適的窩變成一個上鎖、狹窄的箱子。

伸展你的手臂，推開箱子的蓋子，踏入這個世界。到處走走，多拜訪不同的地方。看看山丘、湖泊、森林、山峰、山谷、河流。

看看你的世界可以有多大。看看生命萬物都是如何息息相關。也看看你跟身邊的一切是怎麼連結。讓自己隨時隨地都可以很怡然自得。

今天，我會放輕鬆，並在這個豐饒的世界上怡然自得。

七月

學著說出內心的感受

最近還好嗎？・慶祝你的自由・別再當情緒海綿・放下小題大作・正視你的情緒・悲傷的影響力很大，要有心理準備・別掉進情緒的無底洞・轉個彎就有天壤之別・少說「再也不要怎樣怎樣了」・把那些牆全拆了・停止自我剝奪・看看自己有多勇敢・知道哪些才是對你好的事・把當下的感覺說出來・把開關打開吧

7月1日 這就是我的感覺

他不再夢見風暴，不再夢見女人，不再夢見轟動的大事，不再夢見大魚、打架、比力氣，也不再夢見妻子。他只夢見日常生活中看見的地方，還有海灘上的獅子。

——海明威

當代多位靈修大師都認為意識（能量的一種）是天地萬物才具有的特質。古代許多大師也都曾闡述這項哲理。

你坐在枝繁葉茂的橡樹下有什麼感覺？你躺在熱熱的沙灘上、聽海浪拍打岸邊的聲音，有什麼感覺？你每天早上在廚房裡有什麼感覺？你跟最好的朋友在一起時有什麼感覺？跟伴侶或親人在一起的時候又是什麼感覺？

我們大部分的人都是生存者。我們可能早在孩提時期或再大一點的時候，就學會生存之道，只要苗頭不對或感覺怪怪的，我們就把意識跟身體分開。我們學會否認某種情況帶來的感受（跟某些人相處也是如此），好讓自己因應某些無法改變或無法逃離的情境。我們訓練自己忽略對事情的感覺，因為我們要不告訴自己是別無選擇，要不也確實做不了主。

我們不需要再當生存者了。那個階段已經過去了。現在是好好生活的時候了。

回到你的身體吧。打開你的感官，讓它們盡可能充滿你，不論是味覺、嗅覺、觸覺、視覺、聽覺，還是各種直覺。你現在心情如何？就算想不出用什麼字眼來形容自己的感覺，還是盡量用語言把感覺描述出來。然後，靜下來，體驗周遭的世界帶給你的感受與情緒，但也不要太過度在意。只要稍微體會一下，知道不同情境中的感覺能量會帶來什麼樣的感受就夠了。

不要批判自己的反應跟感受，不要把它們貼上好或壞的標籤。不需要採取任何行為，來控制對自己或其他人的感覺。就只是讓自己去感受，並認清自己有什麼感受就可以。

練習放手的過程，涵蓋學會沉浸在自己各種的感官體驗，其中包括內在的覺知。

學會很肯定、很有自信地說，**這就是我的感覺**。

今天，我要全面去體驗人生。

7月2日 這是為了你的內心好

情緒會讓人傷神又傷心。每當情緒湧上心頭，不管是憤怒、恐懼、悲傷等，都會讓人覺得心力耗盡，筋疲力竭。

但是，不去面對自己的情緒，會讓人變得坐立不安，脾氣暴躁，亂了方寸。不去面對自己的情緒，長期下來，反而會逼得人不得不另找宣洩的管道，例如，可能變成暴飲暴食、執迷不悟、賴在家裡躲避人群，或是每天晚上看著電視睡著。

對自己溫柔一點。

不要強求。但也不要逃避自己的感覺。

可能有一段時間你會覺得像義大利麵條一樣癱軟無力，但其實正在變柔軟的是你的心。

今天，我會面對並接受自己一切的感受。

7月3日 今天，就問自己「還好嗎」？

最近還好嗎？

我不是問你生活中發生的事。你應該都知道自己生活中發生了什麼事情，或什麼事情沒發生。但你的心情還好嗎？

你覺得自己是很焦慮、害怕、矛盾、優柔寡斷，還是很堅毅？你覺得自己很聰明、強大、很幸福、充滿好奇心，還是有鬆一口氣的感覺？

情緒有各種面貌，也有細微的差別。有些情緒很快就讓人注意到。這些情緒會很清楚表現出來，我們也就能立即辨識這些就是自己的情緒。有時候，情緒不是那麼容易分辨，但這些才是需要特別留意的情緒，因為通常就是這些情緒在控制我們的人生。

請記得，不管我們內心有什麼感受，它都只是一種能量，因此不論我們有什麼情緒，我們都可以去感受。情緒沒有對錯，不同情緒的名稱純粹是為了做區分而已。

我們可以用另一種方式，在自己專屬的空間裡，面對內心的感覺。這空間的名稱叫做「沉穩、平衡、清晰」。當我們每天都能夠分辨、感受、釋放心中的各種感覺，我們就容易、也很自然可以回到那種安靜、祥和、平穩的狀態。

有時候，如果情緒的衝擊太大，就像火山爆發一樣，可能要花上幾天或一星期的時間，才能夠回到那個明晰、沉穩的狀態。但在一般情況下，我們要做的就只是對心中湧上來的情緒點點頭，注意一下就可以了。

別抗拒。順應就好。完全順服自己的感受。然後，讓感覺自然而然飄走。你越順服自己的感受，傷痛就會越少，而且會更快消退。如果你越能確定自己的情緒是由哪些人事物所引起，你就越能夠從容不迫地讓自己不受暴走的情緒影響。

懂得掌握自己的情緒表示是對自己的感覺負責。感覺很重要，但請記得，它們也不過是感覺而已。別讓感覺影響現實生活、控制你的人生或左右你的生活。懂得掌握自己的情緒表示會清理情緒，讓自己無論在生活、行為、愛他人、工作、玩樂的時候都能夠處之泰然。

今天，以及未來人生的每一天，都花點時間，問自己：「還好嗎？」

今天，我要學會順暢地處理自己的情緒，體會自己的感覺，然後隨時讓自己恢復沉穩、平和的狀態。

7月4日 慶祝你的自由

今天，來花點時間慶祝自己的獨立吧！

不論是解決了一個苦惱已久的問題，還是發現自己可以自由自在，活出精彩的人生，都很值得花點時間向這份對你意義重大的自由表達敬意。

發現問題是好事。藉著意識到什麼是錯的、已經崩壞了，我們也會學習到如何修補與整理問題。好好注重健康，欣賞生命中的美善也是很好。當我們知道什麼是對的，什麼可以很順利進行，我們就能在人生的旅途上找到喜樂。

回頭看看自己人生這一路走過的蜿蜒道路。看看自己已經走了多遠？在我看來，進度還不錯。你自己覺得呢？

太棒了！我們終於自由了！

今天，感謝上天讓我這麼自由自在。

7月5日 平衡

西醫治病的方式，向來以修正問題為導向。我們覺得痛，醫生就找出疼痛的來源，加以治療。東方的醫療方式則不同。許多東方療法主張健康的身體應該是一種平衡的狀態，人會生病是因為體內失衡。東方的治療者會試著找出失衡的原因，讓身體恢復平衡。

東方療法不單治療病理症狀，還主張日常生活要維持均衡。

這樣的原則也很適合用來照顧我們的心靈。

也許你曾經因為別人的無心之過而受傷，也可能你正因為沮喪、不自在，以及偶爾出現的錯誤念頭而心神煩亂。這時候若我們試著找回平衡，我們的心靈就會安穩下來。

留意自己是否有哪些觀念有偏頗，或是有哪些情緒讓自己心情紛亂。然後傾聽自己的聲音。也許你需要一些時間獨處、散散步、去戶外走走，或好好睡上一覺。

給自己恢復身心平衡所需的條件，身心就會逐漸平穩。學會用滿滿的愛心去聆聽內心的聲音，並且用愛好好照顧自己。讓維持身心平衡成為一種生活的方式。

今天，我要聆聽自己的心聲，讓自己每天都能夠恢復平衡。

7月6日 放下自己的感覺

有時候我們會對某一種感覺鑽牛角尖。我們不想承認這個感覺，也不想正面處理。於是我們告訴自己，我沒笨到會有那樣的感覺，或告訴自己太忙了沒時間想那麼多。或許我們很害怕那種感覺，害怕它背後的意義。我們想說，如果有那樣的感覺，就必須做違背自己心意的事。我們害怕那種感覺代表自己必須改變。也許我們以為那種感覺代表，自己得要接受，失去生命中很珍貴、不想失去的東西。

有時候我們對自己的情緒有罪惡感，以為有那樣的感受是錯的；代表自己是不好的人。於是我們告訴自己，我們不應該有那樣的感覺。

我們讓自己太習慣了憤怒、怨恨或恐懼等某種特定感覺，結果也養成自己這樣看待我們的世界。學會說出自己的感受，然後學會放下它。

今天，我會感覺內心的種種感受，然後放手。

7月7日 會好轉

有時候，情況或事情在好轉以前，常變得更糟。情緒也是會這樣。

感覺湧上來的時候，往往都很直接強烈。那些容易被挑起來的感覺，通常都是不愉快的感覺，例如恐懼、受傷、憤怒、罪惡感、羞愧，或者是深刻的悲傷或哀痛等。這些感覺會持續很強烈一段時間。有的感覺來得快去得也快，有的則會停留久一點的時間。

當你有某種強烈的情緒，表示你總算發洩出來了。雖然感覺很糟，但其實並沒有真的變糟，而是你正在痊癒，一切正在好轉，你只是正在清洗舊傷口。為了清洗傷口，你必須再次觸碰舊傷，但只要一下子就好。最後，等清理完畢，你的傷口就會完全癒合。

該怎麼處理這些感覺？就是面對它們，感受它們。給你心中每一種感受應有的對待。它們喜歡被重視。一旦你可以辨識並體會這些感覺，它們會自動離去。你心中的池水會越來越明澈。

留意看看，每次當有某種感覺出現，需要你的注意及照顧時，你都會產生什麼反應。比起確實感受自己的感覺，你是不是拚命抗拒它？你是否花太多精力，一味擔心情緒不會消退、自己無法處理情緒，害怕讓情緒控制自己的生活？要有意識但不要抗拒情緒。現在，練習對自己的感受說「隨你吧」。

今天，我要有勇氣面對現在跟之前的感覺，以及原本沒有能力去體會的感覺。我會相信，這個過程會讓自己覺得比先前更好一些。

7月8日 丟了吧

有時候，我們的感覺太雜亂，不知從何表達起。我們收集了雜七雜八的垃圾情緒，需要找地方丟掉。我們可能很受挫折、很生氣、很害怕，而且對某件事情忍無可忍了，心情五味雜陳。我們可能被激怒、受到傷害、被氣昏頭了，覺得自己的控制慾很強，很愛記恨等。我們的情緒垃圾已經堆積如山，超出自己可以應付的範圍了。

我們可以在日誌上寫下這一堆亂七八糟的感覺，縱使讀起來很尷尬、彆扭、顧人怨，但還是寫下來。我們可以打電話給朋友，打給一個自己信得過的人，吐吐苦水。我們也可以在自家客廳來回跺腳，對空氣發洩垃圾情緒。我們可以開車出去兜風，把窗戶搖下來，把情緒丟到郊外。

重要的是，把愈堆愈高的情緒垃圾丟掉。

你不用強迫自己隨時都要表現出樂觀進取、很善於情緒管理的樣子。有時候，把心中的垃圾全部倒掉，也是大掃除的好方法。

今天，我會了解，有時候自己無法繼續往前走的唯一原因，就是因為我仍然緊抓著應該被丟掉的垃圾不放。

7月9日　別再當情緒海綿

你不用把自己當成情緒海綿，把周遭的情緒通通吸收進來。學會分辨哪些情緒才是自己的，哪些是別人的。

有時候由於我們忘記保護自己，而把別人的感受照單全收。原因通常是我們很在意對方。補救的方法跟我們處理自己情緒的方式一樣。我們要知道自己有什麼感受，我們正視那個感受，然後放手，把海綿擠乾。

有時候你只要發現自己把別人的情緒當成自己的，一切就會煙消雲散。如果我們好好提升辨識情緒來源的能力，我們就能夠分辨出哪些情緒才是自己的，哪些不是。

小孩子通常很開朗，沒有戒心。如果我們老是把自己的各種情緒散播出來，那麼在我們身邊的孩子們，可能也會吸收我們的情緒。我們可以對別人表達自己的情緒，也讓別人對我們表達他們的感受。但我們也得很小心。如果我們接收了某人的情緒，要記得把那些情緒放下。

今天，我知道當自己跟某人很親近、很愛對方的時候，難免會錯把對方的情緒當成自己的。我會學會保護自己，讓我對我愛的人敞開心胸，但不會吸收對方的情緒。

活動：小時候，我們可能會吸收自己父母的情緒。這些情緒會伴隨我們成年，影響我們待人處事的原則和價值觀。我們會以為這些是自己的感受，但其實不然，它們其實是別人的。請回想一下，自己是不是也曾經吸收來自父母或其他人的情緒。把心中浮現的場景或回憶記錄下來。然後將這些情緒釋放，別再緊握著不放，放下它們。隨時把別人的情緒帶在自己的身上，不但對別人沒幫助，對自己也沒好處，你值得擁有自由自在又平和的人生。

7月10日 放下小題大作

電影或電視演員通常必須把內心情緒表演得很誇張，好在螢幕前製造戲劇效果。當演到受傷的橋段，他們會哭得特別用力。演到害怕的時候，他們會尖叫，躲在角落或蜷縮在沙發上。他們可能會拉著想要離開的人不放，苦苦哀求對方留下。演到暴怒的情節，他們可能會用力跺腳，用很誇張的方式鬼吼鬼叫。

我們可以學會把感受與行為分開來。當我們很恐懼、受傷、憤怒，或有其他情緒時，要讓自己感受這個情緒，直到我們變得明晰起來。有時候，怒打枕頭出氣有助於宣洩憤怒的情緒。但我們不需要用力跺腳或大力摔門，這樣就是讓自己被情緒牽著鼻子走。

你不要讓自己陷溺於情緒裡。你可以把情緒跟行為，也就是你自己做的事，切割開來。

今天，我要停止在生活中大驚小怪。

7月11日 別再把事情複雜化

我們沒必要把自己的人生變成高潮迭起的連續劇。也許我們需要結束一段關係，或另外找新工作，但在這當中我們常常不會理性地說「我打算要怎麼做」，反而把事情複雜化。

就像律師準備打官司一樣，我們也不妨列出自己的論點。針對其中一種感受，準備一份長達一百頁的分析文件，好好打一場官司。

當然，要是你願意的話，凡事都可以進行一場論戰。但是這樣大費周章，其實反映出背後是隱藏著某一種需要釐清的感受。這種感受可能是罪惡感，也可能是恐懼感，或者我們以為清楚地表達自己的感受、說出內心的感覺、照顧自己，很不應該。

不要小題大作，只要把內心的需求和感受說出來就可以。

你在表達感受的時候，盡量明白扼要。如果你發現自己開始牽扯一堆有的沒的，或是大驚小怪，請先暫停一下。問問自己，有必要這樣小題大作嗎？

今天，我會練習簡單表達，尤其在我表達內心感受的時候，更是如此。

7月12日 尊重自己的情緒

在我心中彷彿有一個輪子，不斷地轉著，從悲到樂，從喜到鬱，從樂到悲。這就好比花兒一樣，今天，綻放的喜悅，終會消退、凋謝成絕望，但我將記得，今日死去的花朵帶著明日花朵的種子，如同今天的悲傷仍帶著明日喜悅的種子一般。

——奧格．曼迪諾《世界最偉大的推銷員》

重視自己的情緒；它們是你很重要的一部分。

情緒能夠讓你跟愛、熱情、喜悅、療癒及直覺產生連結。

沒有情緒的人只是冰冷的機器人。情緒是身為人的偉大之處，也是我們通往內心世界的橋樑。

要尊重、珍惜情感豐富的自己，並學會愛惜自己的各種情緒感覺。

今天，我要成為一個有熱情、有活力的人，好符合上天創造我的本意。我要感受自己的各種情緒，並且體會活著真好。

7月13日 正視自己的情緒

承認自己的痛苦。

然後你就會發現痛苦的來源，而且在這個發現的過程中，你會慢慢好過起來。當我們坦然接受自己的情緒時，我們不只接受快樂或解脫等正面的情緒。情緒就像是一整個包裹。要的話就得喜怒哀樂通通拿去。

痛楚與受苦是人生必經的過程。事情總是會出差錯。我們愛的人離開我們，我們的父母會往生，有時候是我們的孩子過世。我們跌倒，我們失敗。別逃避痛苦。別用別的感官刺激麻醉自己，或用膚淺的成就遮掩心中的痛楚。

如果你覺得很痛，就讓自己痛吧。

承認當下發生在自己身上的事。然後學會坦白自己的感覺。

今天，我會承認自己人生的痛苦，不再用瞎忙來麻醉自己。我會學會坦承自己的痛苦。我會明白該怎麼做才會復原，然後賦予自己行動的力量。

7月14日　無論如何，都要好好照顧自己

在有些日子裡，從我們早上起床到晚上上床睡覺，這短短一天之內，我們的人生就被扭轉，改變成我們始料未及、也最不樂見的狀態。有時候我們心中最大的恐懼居然成真了。

過去我們所知道的人生，從此已大不同。問題不只是悲劇發生，使我們的人生陷入困境，雖然說單就這樣也夠了。更雪上加霜的是，現在我們知道自己有多麼不堪一擊了。當我們處在最脆弱的狀態時會不禁亂想，是不是我們會從此失去對他人、對生命，甚至是對自己的信心了。

每一個人都會經歷悲歡離合。你可能一開始會覺得世界上只有自己這麼悲慘。但很快你就會發現，其實很多人也都曾經歷過類似的不幸或失去，也被迫接受，然後學會走出來。你的痛苦很重要。但你沒有被差別待遇。別用你的不幸來證明你一直都是對的——自以為是受情勢、命運、上天玩弄的受害者。

「上天一定非常愛我，」有一天，某位歷經重大車禍而大難不死的年輕男子這麼說。

無論我們毫髮無傷或是遍體鱗傷，無論發生什麼事，都要繼續照顧自己。

今天，我要把自己的痛苦轉變成對別人及我自己的同理心。

7月15日 悲傷的影響力很大，要有心理準備

悲傷的心情比想像中的更傷神、傷身。

——泰瑞斯．蘭多，《如何走出喪痛》

悲傷不只是一種感覺。悲傷會因失去的本質而不同，有的也許會暫時變成一種生活方式。有的可能持續好幾週或長達好幾年之久。

先放下自己對悲傷的成見，也別管自己認為應該花多久時間走出傷痛。先練習對別人有同理心，也對你自己有同理心。

抱著務實的期望。對所有正在傷心的人，不管是你自己或別人，給予更大的彈性與包容。

今天，這個地球上已經有太多受傷的心靈。請上蒼幫忙平撫所有受傷的心，包括我自己的心。

7月16日 別掉進情緒的無底洞

有些感受真的很強烈，讓人以為自己掉進情緒的無底洞。但其實沒有。凡事都有盡頭。可能要花點時間才會到底，但盡頭確實存在。而且在我們有這樣感覺的時候，還是有方法可以好好照顧自己。有些人會尋求專業協助，有些人則是決定獨自熬過去，而且要特別照顧自己。如果你正處在情緒動蕩不安的狀態，也許你可以設計一套專門照顧自己的流程。以下提供一些經過證實有效的建議：

- 如果你有參加心靈成長團體，就去參加聚會，特別當你不想出門的時候更要參加。
- 把你正在經歷的事情，告訴一位你信任的朋友。向對方尋求支持，而且你要說清楚自己的需求是什麼。
- 充分休息。經歷這麼強烈的感受，會消耗很多精力。
- 逼自己站起來，去外面走走。每次我們以為自己的人生停滯不前的時候，光是到公園或大賣場等人潮多的地方走走，就能提醒自己，這個世界還是在持續運作。問問自己，什麼事情會讓自己開心，如果有任何正面的想法就聽聽看。

- 去運動，就算百般不願意也要去。動一動身體，這可以甩掉負面的情緒。
- 訂下每日要達成的日標，把自己認為每天要做、也必須做的事情列出來。除了讓自己去體會自己的感受之外，也要鍛鍊自己的決心及毅力。
- 別讓周遭環境反映出你現在的感受，而是讓環境反映出你想要的感受。例如把家裡收拾整潔。
- 給自己設定情緒的期限。舉例來說，給自己半小時的時間，去徹底、坦然接受這個感覺，然後暫停一下，改做其他事情。不妨出外散散步、看看電視、看一場電影、讀一本書。告訴自己，你不是要逃避這個感覺。你只是暫時休息一下。
- 寫日誌。把自己的感受寫下來。人生幾乎沒有什麼事情能取代探索自己的內心世界，或者比這感覺更好的事了。

今天，我會接受並體會自己所有的情緒，即使很強烈的情緒也是。

7月17日 轉個彎就有天壤之別

有時候，一點小小的改變，就會大大影響我們的感受。覺得自己快要招架不住，或是快被壓垮了？先暫停一下，改做別的事情。犒賞自己。有時候，稍微調整自己的生活起居，就會讓自己的生活出現不可思議的大轉變。

今天，我會明白自己能夠做的任何改變，都會對自己的心力及感受的方式產生正面的影響。

7月18日 這是我們的功課

當你學到教訓時，痛苦自然會消失。

——伊麗莎白．庫伯勒．羅斯，《天使走過人間——生與死的回憶錄》

有時候我們等了又等，盼望痛苦的情況可以結束。「他什麼時候才會停止劈腿？」「她什麼時候會打電話來？」「這個財務問題什麼時候會改善？」「什麼時候我才會知道下一步怎麼做？」

人生有既定的期程。只要我們學到教訓了，痛苦就會變淡，然後煙消雲散。

教訓學起來就是自己的了。

好好檢視自己的人生。你是不是在等待某人出現或某事發生，讓你心情好起來？你是不是在等待某人得到他或她的教訓，好讓你不再痛苦？如果以上皆是，試著檢視一下內心，看看自己真正要學的功課到底是什麼。

今天，我會知道自己現在應該要學到的教訓。

7月19日 少說「再也不要怎樣怎樣了」

不要隨便說你再也不要怎樣了，因為這句話可能會變成一座牆，讓你看不見生活中的美好。

「因為他傷害了我，所以我再也不跟他說話了。」「因為她傷害過我，所以我再也不要跟這人有任何的瓜葛了。」

有時候，我們受傷的感覺是正確可靠的警訊，它警告我們要退後，保持距離。但通常當我們說再也不要怎樣的時候，是因為我們不想示弱，不想承受接下來的傷害。

當說出「再也不要」這幾個字，就表示我們已封閉心門，拒他人於千里之外了。

你是不是也曾用「再也不要」這幾個字築起一道高牆？你偷偷看牆底下，是不是其實隱藏了一股你必須面對的受傷感？

今天，當我變得很脆弱，我會去感受心中的痛，並學到教訓，而不會動不動就說「再也不要怎樣」，築起高牆。

7月20日 把那些牆全拆了

很多人在人生中都曾經受過傷。

起初我們很受傷、生氣，甚至記恨、記仇，這些都是正常反應。但是沒有人會想聽我們十年前悲傷的愛情故事。

甚至連我們自己也都聽膩了。

有些時候適合躲起來舔傷口。有些時候則應該放下痛苦，重返正常生活。每個人都會跌倒。許多人都有改變心意的時候。我們都會犯錯。

不要因為一次不好的經驗，就認定自己再也不會經歷好事。牆不會特別被築起。這些牆壁，雖然可以保護我們不再受傷，卻也阻擋我們無法享受人生的喜樂。

今天，我會放下在受傷之後產生的自我毀滅心態，而敞開心胸迎接人生，看見生命的美好。

7月21日　或許本來就不好受

好幾個月以來，L小姐每天晚上下班就立刻開電腦一直輸入這些字：我討厭我的工作。我討厭我的工作。討厭。討厭。討厭。

連續六個星期，J先生每天都抱怨同事：我真的受不了他。他真讓我抓狂。我真的很討厭他。

有好幾年，M女士在晚上睡覺前都在計算老公再活幾年就會死掉，然後她就可以擺脫婚姻的束縛：再過十五年，他就會走了，然後我就可以過自己的生活了。

以上幾位和伴侶、同事、工作的關係，已經不是所謂的「又愛又恨」，而是「恨意滿點」。他們都有一個共通點：對內心的感覺很有罪惡。L小姐一直試著讓自己喜歡這份工作；J先生竭盡苦心要跟同事相處融洽；M女士一直努力變成更好的賢妻。

有些時候當你覺得很不喜歡某人或某事，無論是工作、朋友、鄰居、配偶等，你要對自己有耐心。但是如果你持續厭惡某人或某個環境，而且表現得非常明顯，也許是該離開的時候了。

留意你對人生的情緒反應。如果你持續用特定的方式，去回應某件事情或某人，你可能要想想，也許這個人、地、事，對你的人生已沒有任何意義了。

今天，我會知道心中哪些感覺催促我該離開了，並且放下對內心感受的罪惡感，用心另闢蹊徑。

7月22日 停止自我剝奪

別再剝奪自己享受自在、舒服、愜意的感覺。

我們之中有些人成長於不可以表達情緒的環境裡，感覺快樂、享受人生是不被允許的。總之一切的情緒都不可以表達出來。

於是很多人成年之後仍維持這種心態。結果即使感覺不太合適，我們還是選擇跟對方在一起。或者我們接受那些讓自己很不自在的工作。

我們很多人都聽過有人喜歡把自己搞得很悲情。如果某人在剝奪自己生活中的美好，硬是讓自己很悲慘，大家都很容易看穿，但當主角換成自己的時候，往往也深陷其中不自覺。

我們可能太習慣那種負面的感覺，以至於不知道自己什麼感覺才是對的。

直到你放輕鬆，並學會辨識自己的感覺，你才會知道什麼是對自己好的。別再把注意力放在悲慘的感覺上。迎向自己內心覺得愜意自在的人事物。開心點。讓自己欣然接受感覺美好的人事物。

有意識地過每一天的生活。尋找讓自己舒坦自在的人、事、物。你可能會發現，世界上的喜悅和樂趣，比你想像得還要多。

今天，我不會再剝奪自己享受人生美好事物的權利。

7月23日 填滿自己的人生

我只是把原本花在生氣嘰嘴的力氣，拿來創作藍調而已。

——艾靈頓公爵

人生不如意的事常常有。有時候只是煩人的小事；有時候則會讓人傷心欲絕。重點不在於我們遭遇到什麼事，而是我們如何反應。他離開你了。這是事實。現在，你已經怒吃一整桶冰淇淋了，接下來該怎辦？你可以枯坐發呆，或找朋友抱怨人生不公平，或者你也可以站起來，把吃完的冰淇淋桶丟進垃圾桶，然後轉身去展開充實的人生。

有感受是身為人類的一大福氣。好的、壞的都是。有時候我們心情好，有時候心情差。花點時間，花點力氣，讓自己難過一下沒關係。好好體會難過的感覺，但是，接下來，站起來，走出去，好好活出精彩人生。

今天，我會正面看待人生中的各種情緒。

7月24日 放下恐懼

有時候，我們想要進入人生的下一階段，不論是工作、學習或戀愛，卻發現那扇門好像關上了。恐懼會偽裝成各種面貌：例如我們想要用自己的方式去做；我們沒興趣；或者不是時候。我們要面對的不是緊閉的門，而是被壓抑禁錮在心中的恐懼。

如果你不懂為什麼自己在人生某些方面無法自然前進，就再仔細檢視看看。看看自己是不是因為有一些被掩藏的恐懼，讓你遲遲走不出去。

如果你覺得想往前走、卻又被什麼擋住，記得先去感覺內心的恐懼，然後釋放它。試試看，會不會這樣就找到開啟大門的那把鑰匙。

今天，我會看見並體會阻擋自己向前走的恐懼，然後放下它。

7月25日 看看自己有多勇敢

大家都讚佩籠子裡的馴獸師，他一個人要應付六頭獅子——只有一位校車司機不以為然。

——無名氏

你可能不是什麼厲害的戰士。你可能無法帶領探險隊遠征北極或攀登聖母峰。但你還是需要有勇氣。勇氣可以用在很小跟很偉大的事情上。我們可以想像，假如自己在爬大山或率領騎士團出征，可能會有什麼亮眼的表現。用想像的當然很輕鬆、容易，但現實生活中呢？就現在的你來說，你有沒有勇氣活出己的人生，每一天走出自己的路？

有時候現實生活中的平凡小事，比去高空彈跳還需要更大的勇氣。

我們得要有勇氣，才能每天早上起床上班、賺錢養家、支付各種帳單，以及走自己應該走的路。我們都需要勇氣，去一而再再而三做不敢做的事，有時候，就算做不害怕的事也需要勇氣。

今天，我要有勇氣，讓自己在經營關係的過程中、在工作上、在心靈成長上，做正確的事，並且勇敢活出自己的人生。

7月26日 知道哪些才是對自己好的事

你只是被自己的恐懼搞得無法清楚思考，因為有那麼多事情要顧及，你心裡就會一直想，要怎樣做才正確。其實你只需要放輕鬆，相信自己的感覺，然後跟著感覺走。

放下心中的恐懼及困惑。別再老是在腦中想著得做這個、得做那個，或老是一直試著要把事情做對。去吸收一些資訊，讀讀書，找人幫忙。然後放輕鬆。你知道的事情，其實比你自己想像得還要多。

你把事情做對的時候，你自己會知道。

相信自己的感覺。

今天，我會學會放下自己的恐懼，並相信自己的感覺。

7月27日 把直覺說出來

有一天，我感覺自己已經走投無路了，因為已經好幾個月我都找不到任何一個工作。我在路邊等著搭公車回醫院。突然間，耳邊一個小小聲音催促我快看看後面。我照做了。我正在站在一間銀行外面，旁邊有一個樓梯，通往二樓的一間律師事務所。

「上樓去跟事務所的負責人談談吧。告訴他妳正在找工作，」這些話在我耳邊響起。開什麼玩笑，我心想。這樣做太不合常理了。但我還是照做了。跟負責人面談的時候，我告訴他我住在哪裡，還有目前正在經歷的事情。他說他可以體會，因為他的家人也有類似的經歷。語畢，他看著我說：「妳來得正巧。我原本就打算要找新的助理，只是還沒公開徵人。」

過了兩週，他來電。我被錄取了。這份工作比我先前應徵的其他工作還要好，不僅待遇更好，也讓我更能發揮專長。

我們每個人都有特別的智慧與指引，在困難時或日常生活中幫助自己。面對進退兩難的窘境時，不妨先停一下，用心感受自己的處境。把自己暫時抽離。今天，至少試一次，讓自己完全憑著感覺做決定吧。

今天，我會相信直覺的力量。

7月28日 把開關打開吧

很多人都關掉了幫助自己瞭解事實的直覺。可能因為我們小時候曾經被父母騙過，所以再也不相信直覺。也可能是我們成年之後選擇關閉直覺，就為了跟某個欺騙自己也欺騙我們的對象建立關係。我們必須關閉內心的小聲音、我們對事實的覺知，才能繼續維持現狀。

該是重新啟動直覺的時候了。把開關打開。從此以後，你就會知道、也感覺得到是不是有人在騙你。你可能無法立刻知道，但至少不用等太久就會發現。如果你信任或是誤信某人，你會知道。你現在大概也知道自己真實的感受。

你可以相信自己嗎？別再自我懷疑。開始相信、傾聽你自己認為是事實的事情。感覺對的時候，你自己就會知道，感覺不對了，你自己也會知道。問題不是你的直覺有沒有用。問題在於有時候，你選擇視而不見。

今天，我會聆聽自己的直覺，相信自己。

活動：這個冥想可以幫你開啓直覺。找一張舒服的椅子坐下來，或躺在沙發上，讓自己放輕鬆。再來用幾分鐘的時間，有意識地放鬆你的全身，先從頭開始，然後是臉，接著再往下到腳趾頭。然後想像自己在階梯最底層，站在一扇門前，門上寫著你的名字。把門打開走進房間裡。裡面有很多開關，看起來很像機房。找出標示「直覺」的開關。想像你走過去，把開關打開。如果開關壞掉了需要修理，想像自己修理開關。如果你還是打不開，就問自己問題是什麼，你應該先處理什麼事情才可以把開關打開。等開關打開了，就離開房間，並隨手把門鎖上。然後走向樓梯，讓自己慢慢回過神來。每次你發現自己的直覺有點遲鈍，檢查一下開關，確定它是開啓的。

7月29日 讓直覺引導你

密切注意你的直覺，這或許是人生的最高指導原則。

——琳・希爾

有些人可能跟我一樣，覺得要完全相信直覺很詭異也很困難。以下分享我個人試過的方法：

- 有意識地放鬆。當你需要解決一個問題或做一項決定，不論大小，先放鬆。不要驚慌或緊繃。驚慌無法解決問題，只會阻礙直覺正常運作。
- 問自己，感覺什麼才是對的？答案會從一個平和、寧靜的狀態中浮現，絕對不是匆忙或恐懼的狀態。如果腦中出現了不止一個答案，請用心感受每一種答案給你的感覺。是很無趣？很沉重黑暗？還是覺得很輕鬆，很正面？
- 如果你還是不知道該怎麼辦，那就放下吧。先去做別的事，讓自己理性的大腦忙一下。通常當我們不再強迫自己找答案之後，過了一陣子，直覺思考就會自己啟動。

生活的其他方面也是如此，練習放鬆並學著相信自己才是關鍵所在。通常，直覺給的答案感覺最理所當然。但有時候，直覺也會叫我們做一些乍看之下很荒唐的事。

我們應該尊重理性思考之外的直覺。你可能會不時犯下愚蠢的錯誤，大部份的人都會。但也不要因此貶低理性思考與一般常識的力量。不過，當你拿不定主意時，就讓直覺成為你可以固定尋求（但不是走投無路）的幫助。

今天，我會放鬆並聆聽那個安靜的小聲音。我會記得聆聽自己的直覺。

7月30日 相信那種感覺

敞開心胸。

當你聽見自己的內心有小小聲音在耳邊低語時，你要相信自己的心。從最微小的聲音開始留意起。開車去兜風，然後挑一條你從來沒開過的路。慢慢的，等你更瞭解自己的直覺，它就會指引你下一步怎麼走。有時候，你的直覺會帶你去一間美味餐廳，有時候則會帶你找到成功的職涯道路，有時候甚至會幫你找到知己。

仔細聆聽自己的心聲。有時候要忽略既有已知的成見，跟著感覺走。

今天，我會學會聆聽內心的聲音。

7月31日 留下來繼續

我們無法確保凡事會一直順心如意，但我們永遠有辦法度過一切。我們可以相信，不論好事、壞事，都會過去。

我人生的美好生活也曾經破滅過，我因此傷心欲絕。但如今事情都過去了。

我要說的是，有時候壞人得道，好人失意。有時候則相反。有時候不管我們怎麼做，都無法改變既成的決定，不過我們總是可以明天再來過。無論是參加比賽、跳舞、流汗或是流眼淚，機會多得很。或許是過程中所得到的經驗（而不是結果），才是最真正的獎勵。

如果你感覺自己沒力氣或沒信心了，先別把自己逼太緊，不必非得追求人生有什麼美好結局。要知道，這也會過去。要知道，無論一件事是好是壞，我們都因為經歷過而豐富了自己的內涵；知道這點會讓你更有力量。我們可以選擇從經驗中學習，或讓怨恨跟愚蠢的期望破壞經驗的價值。

拍掉自己身上的灰塵。在哪裡跌倒就從哪裡站起來。重新站上本壘，繼續把比賽打完。

今天，我有希望、信心與勇氣活出自己的人生。

八月

學會說謝謝

逆風而行・這次可能是一項試煉・不要再懷疑自己了・當你得到的不是原本要的，說「謝謝」・為你怨恨的人祈福・對於過往經歷心懷感恩・未來還有好多事情等著我們・坦然面對人生各種悲歡離合・感謝得到教訓・對現在的自己心懷感恩・踏出巢穴之外・說「謝謝你的幫忙」・感謝自己的家人・謝謝我成為現在的我・對平凡的事心懷感恩・別忽略小確幸的意義・扭轉自己的一天

8月1日 學會心懷感恩

當別人說，做人要心存感恩，我們往往會以為這是要我們惜福，並對眼前的美好說聲感謝。不過，當我們學著練習放手的時候，不管我們是否真正發自內心，都要對生活中的所有事情心懷感恩。這就是扭轉情況的方式。

把生活中你一點也不感激的大小事情條列出來。你並不需要真正寫一張清單；可能你已經把煩惱的事情記得一清二楚。總之想好之後，你要刻意練習感謝你列出來的每一個項目。

心懷感恩所產生的力量，不會讓你失望。

感恩我們現在所擁有的一切，我們就會擁有愈來愈多。

今天，我會瞭解感恩的力量，把感恩的心變成生活中無往不利的工具。

8月2日 感恩比生命更偉大

有一天，朋友打電話給我。他正經歷一段艱困期，不知道事情什麼時候會好轉，甚至究竟會不會好轉。我知道他正經歷非常大的痛苦；但我不知道當時他其實考慮自殺。

「如果妳可以給一樣東西去幫助別人，」他說，「妳會給什麼？」

我很認真想了一下，然後回答：「不只是一樣東西，是兩樣：感恩與放手。」

不只是對我們認為是好或是有福報的事，而是對每一件事情都心懷感恩。同時，面對無法改變的一切事情要懂得放手。

過了幾年後，那位朋友的人生開始逆轉。他的財務問題迎刃而解，他也轉換職涯跑道。當時他面臨的兩個問題都自行化解了。而他面對與處理問題的過程，也成為他人生重回正軌的重要關鍵。

我們很容易看見自己生活的問題，覺得問題就像大山一樣在眼前矗立。

找出問題所在。用心體會自己的感覺。

如果你要把生命中的什麼放大，請選擇放大感恩及放手這兩件工具的力量吧。

今天，我會知道如何用感恩與放手，把問題都變小。

8月3日 逆風而行

當別人想要爭論的時候，我會不爭辯，與其引起衝突，我會回說「嗯」，來讓自己的生活與周遭保持平和。當問題或狀況發生時，我不對抗，而是順勢而為，心平氣和，專注在當下，這樣比起硬碰硬反抗可以更有效率解決問題。

順服是無價的工具。不對抗、順服，可以讓我們即刻順入生命的流動中。當我們放鬆時，我們就能聽見自己心裡的聲音。一旦我們順服，我們就會知道接下來該怎麼做、什麼時候該採取行動。

不過有時候我們也需要堅持自己的立場。順服與練習不對抗，不表示我們要變成一張張薄紙片，被風吹得到處亂飛。有時候我們還是得推開擋住我們前行的阻力。這樣才是我們引領自己、主導自己人生道路的方式。

我們學會順服後，接著就要學習堅定自己的立場。你是否已經順服太多，以至於沒有堅持、不會表達自己的想法？要有信心。跟隨心的指引。知道自己想往哪裡去，也要知道自己想說什麼。

一旦你承認自己無能為力，你就學會發揮自己的力量。學會何時練習不對抗，還有何時該逆風而行。

今天，我會順應人生，知道如何每一天都能表達並相信自己。

8月4日 感謝有風

我們常常會想，要是沒有那個問題、那個情況、那個令人煩惱的人，生活一定會更快樂。我們會心想，怎麼那麼煩啊。為什麼不能夠讓我好好過著平靜、安寧、祥和的日子，過著沒有干擾、也不用傷腦筋的人生？

不過，問題或麻煩也是有必要的。維持平靜充實的生活固然重要，但問題也是成長過程中不可或缺的。想想看，你過去所遇到的問題是如何形塑了今天的你。

當問題跟挑戰浮現，它們迫使我們檢視自己的理想，提高警覺性，而且也重新認識別人、認識自己。甚至我們的敵人、對手跟競爭者，也是我們人生中的一種挑戰，他們幫助我們定義自己是什麼樣的人，也驅策我們成為最好的自己。

與其對問題或環境，不斷抱怨、發牢騷，不如感謝問題的存在。現在，這一刻，生活中的阻力，正是幫助你用力前進的助力。

感謝有風。你需要有風，才能學會飛。

今天，我感謝生活中的所有問題跟狀況，我會不時提醒自己，這些問題都是正在教我怎麼飛。

8月5日 停止搏鬥

跟問題搏鬥和挪開生活中的阻力有些不同。當我們在跟別人吵架，也是在跟問題搏鬥。當我們覺得很受傷、很生氣，覺得夠了，想推開阻力時，我們是在利用挫敗的心情，讓自己有機會順服，然後開始學會尋求幫助，並學會照顧自己。接下來人生會漸入佳境。

與其跟問題搏鬥，倒不如順勢把問題撥回去，借力使力，讓阻力成為我們前進的動力。

你是否也正在跟人生中的問題搏鬥，沒能把問題的阻力轉為成長的驅策力？與其耗盡精神跟問題搏鬥，不如順服。然後把沮喪跟不爽的感受變成動力，堅定自己的信心，採取正面的行動。

今天，我謝謝人生中出現的各種阻力，我會學習停止搏鬥，把搏鬥的精力改用來真正解決問題。

8月6日 這次可能是一項試煉

有時候，問題跟挑戰一起出現，把我們推往人生的下一階段。有時候，它們是來挑戰和強化我們既有的已知與信念。也許你人生中遇到的問題，就是要教你新的課題。這也許是一個好機會，讓你想起並實踐你原本就知道是正確的事。面對問題。用你的理想跟信念去對抗現狀。檢視自己的想法、信念及感受，同時敞開心胸接受改變。但也要記得，這樣做的重點不在於去改變自己的想法，而是提供一個機會，讓你重新檢驗自己跟你個人的信念。

我們不見得總是要學習新事物。有時候，教訓本身就是要讓我們記得並相信原本就知道的事。

今天，我要把心胸變得更開闊，接受改變；當我的信念是對的時候，我也會理直氣壯去捍衛自己的立場。

8月7日 不要再懷疑自己了

人生常常遇到這樣的情況：事情發生的當下，我們就知道自己想要怎麼做、必須怎麼做了。這是當然的，因為我們早已學到教訓了。顯然我們的心和內在引導正在明確地告訴我們，我們想做什麼事情、不想做什麼事情。

不過我們會心想：但我是不是應該要敞開心胸接受改變跟新的觀念？也許我想要的東西是不對的。還是說，我想要的東西有可能是對的？大概不是。可能根本是我自己在胡言亂語。

擔心跟焦慮的心情都是我們自己創造的。

敞開心胸迎接新想法。我們所相信的事情不見得永遠都是對的。所以不妨以客觀開放的心胸檢視、改變自己的想法及理念。

但不要把所有時間全花在懷疑自己。這樣一來，你只能眼睜睜看著人生呼嘯而過，而自己卻一事無成。而且，這些一次又一次的自我懷疑只會帶你回到起點。

今天，我要停止浪費時間與精力懷疑自己。我要學會信任自己。

8月8日 你被保護著

祈求獲得回應的時候心存感謝，這很容易做到，當我們心想事成，要我們心存感念也是容易辦到。難就難在事情無法稱心如意的時候，我們也記得要心懷感恩。

有位S小姐非常愛慕T先生。他們兩人在工作上碰過幾次面，每次都得很愉快。S小姐認為這位先生很迷人、英俊。她努力想找機會跟他碰面。不過，情況總是事與願違。S小姐實在搞不懂為什麼。他看起來對她很有意思，她也很肯定兩人會很合。有一天早上S小姐進辦公室，得知T先生在昨晚過世了，死因是用藥過量。原來他一直都在吸毒，而且一直都在撒謊。

有時候我們心想事成。有時候事與願違。當你得到的是否定的回應，你還是要感恩。

被拒絕的時候要微笑。讓上天的沒有回應驅策你繼續活出快樂人生。也許你並不是被處罰，而是被保護著，不讓你被自己傷害。

今天，謝謝上天沒有每一次都讓我有求必應。

8月9日 當你得到的不是原本要的，也要說「謝謝」

親愛的上天，

謝謝你賜給我一個弟弟，雖然我原本祈求的是一隻小狗。

——《孩子們給上天的信》

有時候我們四處張望，評估情勢，決定自己需要的是什麼，然後向上天祈求。有一天，我們的祈禱應驗了。但結果不是原本祈求的。我們心想，當時說得很明確呀，結果卻是這樣。我們沒得到原本祈求的東西。

別怨嘆，也別因為沒得到原本要求的東西就心情低落，這樣你就會錯過你已經得到的東西。渴望跟需求兩者息息相關。上天會滿足我們的各種需求，而且是連我們自己都還沒意識到的需求。

有時候，祈求能實現我們的渴望，有時候則是滿足我們的需求。無論你是如願以償或是得到其他東西，都應該欣然接受並心存感謝。然後你看看自己學到什麼課題，得到了什麼禮物。

今天，我會記得心懷感恩，即使得到的禮物不是預期的，還是要心存感謝。

8月10日 這都是禮物啊

人類不因單純的不幸事件悲憤，而是當不幸事件被視為造成傷害才會悲憤。當一個人認為自己提出合理的索求被拒絕，就會有被傷害的感覺。

——C·S·路易斯《地獄來鴻》

我們三不五時會抱怨，尤其得不到原以為自己應得的獎勵、成就或職位的時候，更是變本加厲。當我們的願望、希望、夢想或渴望被斷然拒絕，我們會很憤怒。我們看著別人有成就，很幸福，還以為是對方奪走原本理當是我們的東西。要嫉妒別人實在太容易了。

記得要心存感激。我們的一切都是上天賜予的禮物。

今天，謝謝我所擁有的一切，現狀就很好了。

8月11日 為你怨恨的人祈福

說到為自己憎恨的人祈福，其中我最愛提到的故事是以下這個。

多年前，我非常怨恨報社的一位女同事，因為我認為她搶走我夢寐以求的位置。

但我天天為她祈禱。我請上天好好照顧她，並且大大祝福她。我這麼做是因為曾經有人教我，要為自己所憎恨的人祈禱，所以我為她祈禱。有時候，我甚至一天為她祈禱三、四次。之所以為她祈禱這麼多次，因為我就是那麼討厭她。

老天哪，我好討厭這人喔。

後來我們成了朋友，然後有一天，我發現自己不再討厭她了。再過幾年我成為作家，而她早已離開公司，在家帶小孩。

怨恨情結是很蠢、很微不足道的東西。嫉妒心也是。但這些愚蠢的小東西卻會侵蝕我們的心靈。有時候，別人走進我們的生活是為了讓我們瞭解自己的能力範圍。有時候，我們以為是敵人的人，其實是朋友。你的生活中是否也有讓你耗費精力嫉妒或怨恨的對象？也許那個人的存在是要教你認識自己的另一面，或啟發你活出自己的人生？想知道這些問題的答案，就得先化解心中的嫉妒跟怨恨。

今天，謝謝上天讓我遇到怨恨嫉妒的對象。請給予他們最大的祝福，賜予他們各方面的富足。

8月12日 對於過往經歷，心懷感恩

前面我曾經建議你寫下自己的人生故事。就算你沒這麼做，我還是要建議你回顧自己的人生。回顧也就是檢視那些自己曾走過、忍受、經歷並且超越的經驗。當我要寫自己的故事時，起初心裡有點排斥。在經歷那些事情的過程中，我常常覺得很難受。我可不想再重溫那些經歷。

不過，真正開始寫之後，狀況有了轉變。我開始了解自己，也以嶄新、更富同理心的眼光回顧過去。我所經歷的每一件事，都讓我重新詮釋或發現新的見解及力量。也許被我選擇忘掉或劃清界線的過去，並非我原以為的是在浪費生命。

我們每個人都有一段美好的故事。你是否感謝自己所走過的每一段路？你是否對自己每一個經歷都心懷感恩？你是否也對眼前自己的人生故事知足惜福？

好消息是，我們的人生故事還沒結束。未來還有好多事情等著我們。

坦然體驗人生各種悲歡離合。

對於自己正在經歷的事，心存感恩。

今天，我會發自內心地去笑、去哭、去愛人、去用心體會人生的每一刻與每段經驗，並且心存感恩。

8月13日 感謝得到教訓

有時候，把我們自己跟某個人、某個經歷、或我們很想勇敢掙脫的生活綁在一起的那條細線，只需要一把感恩的大剪刀，就可以斬斷。

你是不是因為好久以前的前男友、前女友，或是某個朋友做了什麼，至今懷恨在心？還是對工作不順或事情沒談好而耿耿於懷？對人生中痛苦的經驗感到難過、生氣？還念念不忘和某個人在一起的美好時光，擔心萬一狀況改變，你放下過去，那接下來的新生活恐怕沒那麼美好？

也許你需要那段關係去發現原來自己有那一面。也許你因此更瞭解自己真正嚮往的人生是什麼。雖然他或她已不再是你人生的一部分，但卻開啟了你原本塵封已久，需要重新啟動、解放的那一面。那些痛苦的經驗呢？說不定你也從中學到了很多。至於那一次很令人滿足的經驗呢？如果我們想敞開心胸接納新事物，你也需要放掉那個美好的回憶。

凡事心存感恩。感謝自己的人生出現的那一次經驗。感謝你的前男友、前女友、伴侶、那位朋友，感謝那位老闆或主管。不斷在心中對他們說謝謝。坐下來好好想想，過去的經驗裡哪些是教訓，哪些是禮物。

往前朝放手邁進，讓自己自由自在，並感謝豐富自己人生的那個人、那件事。

今天，我會用感恩的心學會放手，活得更充實、更快樂。

8月14日 對現在的自己心懷感恩

有天一位朋友告訴我：「我們不需要有多強大的信念就知道，所有事情的發生都是有原因的，所以就算我不知道為什麼自己是現在這樣，而且就算我不太喜歡現在的自己，我也要相信這點：我之所以是今天的我，我之所以在這裡，都是有原因的。」

朋友接著又說：「當我這樣想，我的不滿及負面情緒就通通消失了，於是我就可以繼續用平靜、感恩的態度過我的人生。」

信念與希望不只能用在未來。試試看把它們運用在當下。

有沒有可能現在的你，還有你所在的地方，都是有原因的？感謝所有成就自己現有人生的一切。

今天，我會有足夠的信念，相信當下為美好。

8月15日 做一個感恩盒

在我發現感恩的力量之後，過了幾年，有一天，我又遇到人生的瓶頸，我停滯不前，怨天尤人。經過一陣子鬱鬱寡歡之後，我想我知道自己該怎麼做了，我想到該怎麼化解眼前的窘境。

我找了一個小盒子和一堆小紙條，然後在每一張紙條上寫下一件讓我煩惱或放不下的事，例如：錢、工作、感情等。

寫完之後，再在其他紙上寫下我想要祝福的人、我愛的人，我想請求上天保佑的人。然後，我把紙條放進盒子裡。然後用雙手捧起盒子，感謝上天賜予盒子內的一切。

直到現在，我都還留著這個感恩盒。每次我心情低落時，我就打開盒子，拿出一張紙條，練習對紙條上的事情感恩。有時候我拿到的紙條上寫著我希望上天保佑的人，於是我那一整天就在心裡不斷為對方祈禱。

被我放進盒子裡的煩惱，大部分都已經化解了。但我還是把盒子留著，好隨時提醒自己，記得感恩的力量。

今天，我會實踐可以幫助自己感覺好一些的方法。

8月16日 感謝自己的心

「上週四，我終於有勇氣結束一段痛苦的戀情。我知道這段關係不會有結果，而且我也發現對方一些人格特質很恐怖。但我現在還是為了分手的事傷心不已。可見，人類天生就是要與彼此建立緊密關係，而且都強烈渴望有人陪伴。這樣的發現讓我心中的感激大於難過。」

我在網站上收到這一則網友留言。留言的女人沒有再多做解釋。不過在我看來，她獲得的啟發已經很明確、很完整：每個人都該感謝自己的心。

今天，感謝上天賦予我愛人的能力與渴望。愛是上天所賜予的珍貴禮物。

8月17日 踏出巢穴之外

母老鷹教幼鷹學飛的方式是把鳥巢變得很不舒服，逼得小鷹不得不離家，探索外面未知的世界。上天對待我們方式也是如此。

——漢娜．史密斯

有時候，壓力來自我們心裡。有時候，壓力是外來的。工作沒了。感情變調了。朋友都找不到半個。這時候我該怎麼辦？喔，我知道了。這是上天再一次教我學會如何飛。

今天，我要謝謝上天，把我推出巢外。

8月18日 說「謝謝你的幫忙」

常常，我們會站在每一個人生的入口，出聲抗議說：「我不要這樣。我才不要遇到問題。我要恢復原本的生活，我要事情按照我的想法完成。」然後我們反抗、掙扎，但改變終究會發生。

其實我們只要每天善盡本份，不管本份到底是什麼。慢慢一點一滴，下一步該怎麼走就會漸漸明朗。我們會開始感受正向的效果。

我們會對自己完成的事情以及我們照顧自己生活所付出的努力，感覺很不錯。但要記得，讓自己好過是一份給自己的禮物。愛也是。成就也是。

你對自己可以幫助自己覺得很滿意，但也別忘記溫柔地對自己說一聲謝謝。

今天，我要對上天說「謝謝」。

8月19日 享受並分享禮物

你有沒有好好利用旅行過程中的每一刻？你是否有過美好的經驗，但只留給自己而沒有跟人分享？你是否花了力氣起身走出去，看看外面的世界，還是你現在正在盯著電視看？你是不是在旅途中拖著沉重的步伐，沒有從過程中得到新的啟發？你有沒有善用自己學到的，去做一些有價值的事，就算只是跟好朋友分享你的經驗、勇氣與希望也好？

你有哪些真正精彩的旅程？

說謝謝的目的之一，就是要跟世界分享我們自己的生活經驗。另一個目的則是學會享受人生，自得其樂。你要生活、愛人、學習、看世界，再把自己從中獲得的經驗，散播出去。

別只是說謝謝，還要用力活出充實人生，藉此展現自己對生命的感恩之心。

今天，我要能夠用生命的禮物，認真做一些有價值的事，即便只是享受當下的體驗也可以。

8月20日 慶祝你的富足人生

慶祝人生中的富足。

我們因為處於「沒有」的階段太久，以至於我們有機會「得到」的時候便不知所措。我們太習慣了磨難，甚至會預期自己受苦，因此當我們遇到人生的美好事物，當我們終於寬裕的時候，就會覺得有罪惡感。

我們可能已經被制約成相信，如果自己有什麼成功富足，一定是自己做錯了什麼。我們不確定自己是否值得突如其來的幸福快樂。

好好享受。我們要學會以健康、樂觀的態度給予。同時也要學會欣然接受別人給予的。

如果你被給予了很多，要心存感恩。運用自己的智慧，善用自己擁有的富足，認真享受，並大方與人分享。對於自己生命中所收到的大大小小禮物滿懷感激。

今天，我要為自己有這麼多禮物心懷感謝。

活動：把你一生得到的禮物條列出來。想想自己這一生到底獲得了哪些禮物？有時候我們太忙著爭取更多，卻忘了知足惜福。

8月21日　**練習表達感謝之意**

沒有別人幫忙，我們根本無法有所成就。有時候我們會遇到有人站在十字路口等著我們，然後熱心地為我們指路。

這些人可能是朋友、家人、同僚，或是上司、老師等。我想這些人一定是被上天派到人間的天使，專門幫助我們安全穿越艱難的路段，並用心指引我們正確的方向。

他們在對的時間、對的地點現身，說出我們恰好需要的話，提供我們當下剛好需要的援助。

你有沒有感謝這些人呢？

練習表達感謝之意。找一位你的明燈或守護天使，告訴對方，他或她對你的人生所帶來的影響。對方可能完全沒意識到自己對你有這麼重大的影響。而另一方面，說不定你的善意言語正好成為他們今天踏上人生道路的動力。

之後你可以再更進一步，將這位親切、有愛心的人所給予你的善行，傳給下一個人。

今天，我會提醒自己感謝應該感謝的人事物。

8月22日 感謝自己的家人

我從夥伴哪裡學到很多，也得到很多歡笑。我希望他們對我也有同感。你是不是很感謝你的夥伴呢？如果你是一個人住，你會不會感謝你的朋友呢？

有人曾經告訴過我，獨立生活的好處就是，我們可以選擇找誰當和自己一起生活的家人。今天，就感謝你的家人，無論是原生家庭，或是你後來選擇的家人都一樣。

家人就是禮物。

今天，我感謝我的這些家人。

8月23日 感謝友情這份禮物

感謝友情這份禮物。

拿一張紙跟一枝筆，寫下：

1. 某一位好朋友的姓名。
2. 你從他或她身上學到什麼。
3. 這位朋友的什麼事情會讓你想微笑。
4. 這位朋友最喜歡什麼料理。
5. 這位朋友喜歡從事的活動。

接著，打電話給這位朋友，邀請對方跟你一起做他或她很喜歡的事。然後準備朋友愛吃的東西，或帶朋友去吃他或她最愛的料理。很真心明確地告訴對方，他或她對你的成長有多麼正面的影響。告訴朋友，他或她做了什麼，讓你覺得溫暖。告訴朋友，你真正喜歡他或她的哪些方面。你不只要告訴朋友，他們對你的人生意義有多大，還要用具體的行動表達你的感謝之意，讓朋友知道你非常在意他們。

今天，感謝上天我有這麼多好朋友。

8月24日 感謝自己現在的樣子

今天，感謝自己現在的樣子。沒錯，你跟別人有很多共通點。但你也是獨一無二。

拿一張紙跟一枝筆，寫下：

1. 你這一生中學到的東西。
2. 你有哪些才華，不管多奇怪都沒關係。
3. 你最愛的料理。
4. 哪一位朋友總是很尊重你，喜歡你現在的樣子？
5. 你喜歡做的活動。

接著打電話給一位朋友。邀請對方跟你一起去做一件你喜歡的事。然後張羅一頓你最喜愛的料理，或去餐廳吃飯。在朋友面前展現你的才能——記得這位朋友是能夠喜歡並尊重你現在樣子的人。假設你會用鼻子頂一顆乒乓球，那就盡情表現吧。

與其發牢騷、擔心自己總是格格不入，你應該很感激自己是獨一無二的人。

今天，謝謝我自己。

8月25日 表達你的感謝之情

你還在等什麼呢？今天，就表達出你的感激之意。

如果有人一直對你很好，今天就向對方說聲謝謝。沒錯，我們常會想說等下週再請對方吃個飯。但何不今天就寫email或簡訊，告訴對方你真的非常感謝他／她之前對你說過的好話或做過的好事？

只有透過跟人分享，我們才能夠真正展現感激之意。我們對人表達謝意，就是跟對方分享我們的喜悅。這樣做不僅加強他們的信念，也提醒他們不要忘記表達自己的感謝。

讓表達謝意及分享感激成為你的生活習慣。如果有人幫助你，就把你因此得到的快樂跟對方分享，送對方一張卡片或打電話給對方都好。

把表達謝意融入每一天的生活作息。感謝不該只是一個念頭。請發揮你的同理心與寬容心，表達感激之意。感激之情能夠強化並支持我們的人際關係。對自己承諾，要隨時把握機會與人分享，表達自己的感激之情。

當我們開始尋找表達感謝的方法，我們就會發現更多值得感恩的事。

你還在等什麼？今天，就告訴對方你有多麼感謝。

今天，我就讓朋友知道我有多麼感謝他們。

8月26日 找出自己的感激之情

說到感激，在此分享一個有趣的現象：當我們心存感恩時，我們就不容易心情低落。你的心只能一次容納一個念頭。

如果你用感激把心填得滿滿的，它就沒有多餘的空間容納負面的念頭。

今天，感謝自己有這樣的人生。讓這股感謝之情延續到自己生活中各種層面，並讓自己展現出獨特的人際互動。想想看，在自己從事的各項活動中、來往的每一個人當中，有哪一件事或哪一個人值得你感謝。

從生活中找出值得感謝的人事物，你會發現人生的喜樂也隨之而來。

今天，我會找到人生的美好。

8月27日 停止毀掉自己的樂趣

不要什麼事情都愛比較、愛評判。這兩種行為只會榨乾你人生原本的美好與快樂。

我們會常常拿當下的生活跟之前的日子相比。然後認定現在的日子比較悲慘，沒有以前那麼好。我們也會比較自己跟別人的人生，然後認定別人的生活比我們的好，或比我們的成功。

比較是建立在論斷之上。我們判斷這個比那個好，這個比那個差。如果我們老是愛比較、愛評論，就會阻礙自己享受當下的樂趣，也會對近在眼前的人生的美好視而不見。

與其老是判斷什麼是好、什麼是壞，不如凡事感恩。除非我們硬加上自己的主觀判斷，否則很多事其實不好也不壞。很多事情原本就是現在這個樣子。

專注在當下。順其自然，不要老愛評斷、比較。現在，看看你所在的地方，居然有這麼漂亮的景色，你應該覺得不可思議吧？怎麼之前從來沒發現？

如果你覺得比較、評斷的心態已經讓你失去生活的樂趣，那就設法對生活中的點滴心懷感恩，開始找回一點快樂吧。

今天，我會坦然接受生命的每個片段，不再老把當下跟其他時候相比，而是找回生活的樂趣。

8月28日 對平凡的事心懷感恩

別忽略平凡事物的美好。

好好檢視自己的生活，包括每一天的日常生活，還有生活中的人事物。如果突然間這一切全都消失了，你會想念什麼？什麼畫面、聲音、味道？你會不會懷念房間窗戶看出去的景象？如果你再也無法看到這個景象，你會不會非常懷念？你會不會希望自己可以再看多一眼，記住這個景象有多美好，而且這個熟悉的景象是多麼讓你覺得自在？

在你居住的地方，每天早上醒過來的時候，你會聽到什麼聲音？洗完澡之後自己聞起來是什麼味道？

那你朋友的笑容呢？朋友愛講的冷笑話呢？明明不好笑，但卻很愛說的笑話？

仔細看看自己生活中的平凡事物。當你心存感恩，也別忘記表達純粹、直接的謝意，感謝生活中平凡的美好。我們很容易就忽略平凡的事物，把它們視為理所當然。日出日落，季節交替，我們就忘記了這些熟悉的事物其實有多麼美好、多令人感動。

今天，我要為這一個平凡日常世界的點點滴滴表達感謝。

8月29日　每況愈上

我們有時候在人生中會變得有點自滿，喜歡抱怨生活中的小事。我們開始注意到事情不好的一面，包括工作、與家人相處、感情生活、與朋友互動等。我們也開始覺得疲憊，不想一直孤單一人，卻又遇不到適合的對象。也許我們的工作順利，只是工作已經無法帶來任何我們想要的成就感了。所以我們開始發牢騷、抱怨工作有多糟。我們看別人賺的錢比我們多，得到的休假也更長，工作內容看起來比我們的更有趣。這不是說我們的生活有什麼不對勁，只是好像就是不夠好。

於是朋友、同事、主管越來越容易惹我們生氣。沒多久，我們看什麼事情都覺得很沮喪、不對勁，凡事都只會往壞的方面想。

有的人需要特殊方式才能用平靜、快樂、和諧的心境經營自己的人生。我並不是以偏概全，但至少我自己就是這樣。在我的生活中，我每一天都需要刻意、有意識地讓自己對於眼睛所看見的每一項人事物，心存感恩。

如果你常常看到的不是美麗的地平線或是雲朵，而只是烏雲或灰暗天空，你要更讓自己生活的每個片刻都充滿感恩與謙遜。然後沒過多久，你就會讓自己重回正常的生活軌道。

今天，我會將感恩的心化為轉變人生的工具。

8月30日 扭轉自己的一天

經過一整天狗屁倒灶的事情之後，晚上十點半，我們和朋友坐在自家廚房的吧台。蛋煎得很完美。蘑菇裹著奶油起司，口感豐富。奶油讓吐司變得軟綿綿，搭配煎得恰到好處的碎牛肉，再淋上滿滿的牛排醬。

一切平靜下來了。我的心中覺得很感恩、也很幸福。我想起很久以前聽過的一段話。

「所以今天，算是我活該倒霉囉，」一位女性員工對主管發飆。

「你硬要那樣想我也沒辦法，」主管這樣回答說。

世事難料。總之，不管現在幾點，說謝謝永遠不嫌晚，給自己美好的一天也不嫌晚。

今天，我會知道自己有能力可以扭轉每一天。

8月31日 處之泰然

你有沒有讓自己在這個星球上過得無拘無束，不管遇到什麼狀況都能處之泰然？

你有沒有欣然接受每一天你所得到的喜悅及樂趣？

人生在不同階段都有不同的禮物跟喜悅。有時候，我們必須用心去把這些禮物找出來。有時候找到人生的樂趣並不難，可能是我們從窗戶看出去的一棵老樹，可能是放鬆身心的熱水澡，也可能是在住家附近的街道散散步。

有時候，說感謝最好的方式就是帶著謙遜自信的心，盡情享受今天所獲得的禮物及歡樂。

今天，我會享受眼前的樂趣、禮物，學會如何讓自己不論在什麼狀況之下都能夠自得其樂。

九月

我就是我

成為完整的人・體悟「我就是我」的力量・好好愛你自己現在的樣子・放下你的自卑・看看你的包袱・珍愛自己現在的樣子・面對怕被遺棄的恐懼・欣賞自己・傾聽自己的聲音・看看你扮演的角色・給自己改頭換面的機會・肯定你自己・重新整理自己・面對眼前的挑戰・體會自己的人生・做獨一無二的自己・你有力量・活出自己的人生路・自己發掘故事的結局・做生命的主人

9月1日 學會說我就是我

有很多人都在說，我們要成為一個完整的人。

「讓自己完整。」

「從今天開始，努力讓自己變成一個完整的人。」

「在你還沒成為完整的人以前，你得不到浪漫的愛情。」

老實說，我常不太懂這些話的意思。但後來我發現，所謂的一個人完不完整，其實跟抽離、放手的過程有關。

追求夢想、知道自己想要有什麼成就固然令人欽佩。但一旦找到要追求的目標之後，就該放手。我們心裡應該明白，得不得到的都無所謂。

當你接受自己，人生就變得很神奇：你就能夠心想事成。

當我們使用放手的語言時，其中最強大、也最有力量的一句話就是：我就是我。

然後我們可以更進一步，學會說：現在的我就很完整了。

今天，我會體悟到「我就是我」的力量。

9月2日 因應機制

為了因應人生中的悲劇，我們可能會做出不那麼合乎邏輯的事情。我們做這些事情不是因為我們蠢，而是因為這是我們所知道唯一能讓自己存活下去的方式。

我們所做過最愚蠢的因應之道，就是在遇到壞事發生的時候自我貶低。我們可能在成長過程中經歷很大的傷痛。所以小時候我們會告訴自己：「沒錯。這一定都是我的錯。我一定哪裡有問題。」或是「如果我把家裡打掃乾淨，爸爸就不會離開我了。」

自尊心低落以及所表現出來的方式，變成我們承受痛苦事件的方式。我們看看生活周遭的人，好像沒有人遇到像我這麼嚴重的問題，因此我們可能就認定，「我一定是哪裡有問題」。雖然降低自尊可以讓自己安然度過痛苦，但這已經是過去式了。該是時候用全新的角度重建自己的自信心。停止用自我貶低的方式因應人生的重大事件。我們反而應該透過愛自己、照顧自己去回應人生。好好愛現在的你。

今天，我要學會好好愛自己現在的樣子。

活動：回想童年、青少年，成年期間曾經發生的事。這期間有沒有發生什麼痛苦的事情？現在就重建你的自信。把你一生中發生過正面的事情寫下來。把朋友、家人對你的讚美都寫下來。

9月3日　放下自卑

有人說，自信心這東西很難以捉摸，有時候努力許多年，但愈是努力，反而自信心愈低落。

我相信我們可以放下自卑感；我們可以增加自己的自信心；我們可以發自內心去原諒自己；我們可以停止忍受不當的對待。我們可以看出用金錢、權力、威望，或是人脈、資產來定義自己，會衍生很多問題。然後我們會很樂意照顧自己，並且藉由累積人生歷練讓自己成長茁壯。

要真正做到這些很不容易，但絕對值得。

眼前的首要之務就是放下自己的自卑感，以及生活中因為自卑所表現出來的言談舉止。

今天，我要把自卑的心換成接受自我的心。

9月4日 擺脫依附

你的自信心依附在什麼之上？

有人認為車子代表自己的價值。有人則一定要有男朋友或女朋友才會有自信。有人一定要住在某個地段。有人把自信跟未來的事情綁在一起。有人會認為：「只要我達到那個目標，我的人生就圓滿了。」

花點時間想想。看看你的人生。你的自信心是不是依附在什麼假設狀況之上？

我們會說，希望別人是無條件愛我們，但問題是，我們卻常常不是那樣愛自己。我們總想要有錢、有房子。

你是不是一心想要達到什麼成就？你是不是告訴自己一定要那樣，人生才會幸福？也許你只是要等別人肯定你才行。

有一個簡單的方法可以讓我們了解，自己是不是完全依附在什麼之上。我們可以問問自己：我的生命中有哪件事情我放不下？什麼事情會讓我最抓狂？

別對自己太嚴苛。我們每個人都想要有房子、有錢、有車子，還要有一個可以愛的對象。不過，少了這些人事物並不等於我們就不會快樂。給自己打一劑強心針，然後就放手吧。告訴自己，你已經很圓滿，你現在這樣就很好了。不管你正緊抓著什麼不放，通通放掉吧。雖然那些不見得會回到你身邊，但假使真的回來了，你會更能欣然接受，因為你知道就算少了這些，你還是很圓滿。

今天，我會擺脫不健康的依附。

活動：你是不是緊守著什麼不放，總是告訴自己沒有什麼你就活不下去？你是不是害怕誰會離你而去？你是不是認為自己非得做某一種工作或有什麼成就才行？你是不是以為財富累積到某種程度後，人生才算完整？盤點你的人生。認清楚你原本以為要有哪些事物，人生才算完整。現在，把這些人或事列成清單。你還是可以讓這些人事物存在自己的生活中，但此時此刻，你的目標是要釐清自己究竟為什麼想要得到那些東西。

9月5日 珍愛自己現在的樣子

想要呈現自己最好的一面是人之常情，但是有人認為自信心多寡取決於穿著打扮、賺多少錢、有多少財富和資產。

追求自己的夢想。想住在某個地段、開名車、穿漂亮衣服、把外表打理得光鮮亮麗，這些都很棒。不過就算這些沒有做到位，也別忘記愛你自己。

你現在就是有成就的人。

今天，我要不受外在事物迷惑，看見自己、身邊的人身上真正美好的特質。

9月6日 面對自己怕被遺棄的恐懼

我們很多人都害怕自己被拋棄。有人甚至讓這股恐懼感主宰自己的人生。我們會竭盡所能讓那個人不要離開，不要丟下我們自己一人。

連續好幾年，我都讓自己被害怕遭到遺棄的情結控制。經過一段時間後，我終於摒除了那個念頭。我只是受夠了，不想再擔心自己夠不夠好，配不配得上對方。

然後，我有一個讓自己自由的新觀念：**如果你不想當我的朋友，不想當我的愛人，或不想當我的老闆，我也不要你留在我的生命裡。**

不要再忍受情緒勒索，不要再有壓力，不要再對別人的感受多作揣測。

你是不是把時間都花在擔心某人會離開你？你是不是因為害怕被遺棄，所以在情感關係裡都處於弱勢？放手吧。先站穩，好好聽我接下要跟你說的話：**如果那個人不想存在你的生命裡，就讓他或她走吧。你難道想要把一個心不甘情不願的人留在你的生命裡嗎？當然不要。放手讓他或她走吧。**

等你習慣這個觀念之後，就可以很容易把身邊不好的關係打包送走，然後好的關係就會自動留下來。

今天，我會相信最好的關係才是我應得的。

9月7日 欣賞自己

我們每個人都有自己的路要走，不要因為身邊的人有什麼恐懼或渴望而讓我們停滯不前。

也許你正在嘗試新的事物，這件事情可能有點超出你的能力範圍。很好！也許你會成功，也許你會失敗。要如何面對結果，只有你自己可以決定。

也許你想要成長卻害怕嘗試的過程會失敗，那就跟隨自己的心做選擇。如果你可以找一位心靈導師一路從旁指點，請感謝那個人助你的一臂之力。

繼續走你自己的路。

有些路可能會通往名聲、讚美，有些則會讓你得到同路人的默默扶持。就走你自己的路，學習屬於你的人生課題。

今天，感謝上天賜予我生命。

9月8日 做一個合群的人

你可能聽過這句話：「除非你是跑在最前面的雪橇犬，否則你看到的景色永遠都不變。」但不是每個人都是跑在最前面的雪橇犬。不是每個人都可以成為大老闆或電影主角。寧可當一個有工作的小咖演員，也不要當一個失業的大明星。因為至少你參與了這齣戲。

在這個世界上有貢獻而且又誠實的人，都知道自己的成就決不是光憑一己之力、單打獨鬥而來。

如果你扮演的是配角，就請接受它。不是所有人每一次都做領袖。你可以盡心盡力讓一切順利圓滿，並且同時培養出謙遜的心及團隊精神，這些對未來你要擔任主角的時候都非常重要。

看看自己的人生。你是否正讓自己活出充實人生？還是要等到有人發現你的天份才會全力以赴？如果你只是扮演配角而不是主角，也許是因為這個角色所需要的強項及天賦是你能提供的。

人生的意義不在於我們被分配的角色有多了不起，而是我們用什麼心態去扮演自己的角色。

你可以爭取當個領隊狗，但也要允許自己享受目前所在的位置，善盡本份，發揮所長。

今天，我會接受被分配到的角色，而且會以有尊嚴的姿態，全力以赴演好這個角色。

9月9日 發現哪個方法對自己有效

不要急就章，世界上沒有什麼萬靈丹。成功不會一夕之間發生，也不會是幾天之內就辦得到。很少有事情一夕之間發生，只有嶄新的一天除外。

聆聽你的良師或益友的建議。然後仔細檢視，有哪些方法已經被試過有效，而且曾經幫助過無數的人繼續走下去。但無論如何，絕對不要聽信一夕成名的說法或是冀望自己瞬間開竅。

真正的改變需要時間與努力，尤其當我們要改變並處理重大議題的時候更是如此。通常我們可從演講、一本書或是討論會找到方向。人生中最好的事情其實是完全免費，而且人人共享。

去發現什麼才是對自己有用。你要相信自己在人生的道路上會獲得引導，並得到完全符合你所需的協助及引領。

然後請給自己一點時間。

沒有什麼比這樣做更簡單、溫柔了。

今天，我會有恆心處理自己的問題。

9月10日 接受自己現在的狀態

有一天，我突然覺得自己的生活狀態、工作、人際關係等，一切都不太對勁。我老是覺得格格不入，這種感覺大大影響我的言談舉止。我覺得自己的人生是由一連串錯誤組成。

我打聽到一位很厲害的心理治療師，不遠千里到他的診所。

我鉅細靡遺描述自己的狀態。我說雖然我想試著做正確的事、參加成長團體，與曾經被我傷害過的人重修舊好等，但好像怎做都不對勁。不管我做什麼，心中總有一股很強烈的不安籠罩著我。

他靜靜聽我說話，然後說：「梅樂蒂。」

「是？」

「妳現在就做得很好了。」診療結束。

這個教訓我一輩子都忘不了。當生活中一切都感覺不對時，有可能答案不在於做更多努力或瘋狂尋找我們需要的解答。唯有我們肯接受、相信、信任現在的自己就是我們應該有的樣子，答案就會降臨。

把那些時間、金錢，還有精神都省下來吧。做你自己的指引者。

今天，我會相信，每次我對現狀不安的時候，上天會讓我自然而然到達我該到達的地方。

9月11日 傾聽自己的聲音

祈求也好、靜坐也好，在公園漫步也好，總之要學會關掉耳邊隆隆作響的雜訊。找出一個讓自己脫離外在壓力的方式，找出一個讓自己身心和諧共處的方式。

留意真實的自己，就是讓自己不再受到別人掌控、操弄的最好方式。你的人生是否完滿，不在於你是不是住豪宅、穿名牌，或是有一個超正的女或男朋友。其實你只要做自己就好了。

你的心才是真實的你。讓你的心引導你吧。

安靜下來。聽你的心正在說：**我就是我，現在的我就夠好了。**

今天，我要靜下心來，好聽見自己內心的聲音。

9月12日 **看看自己扮演的角色**

達賴喇嘛在他的書裡說到，我們大部分人的個性都不是固定一成不變。我們不是只有一個角色，而是在人生中扮演各種不同的角色。

你在生活中扮演哪些不同的角色？我們大多數的人知道自己工作的時候是一個樣子，私底下是另一個樣子，玩的時候則又是別的樣子。

好好認識自己的各種面貌。珍惜、尊重自己的每個面貌，因為每一個都在你的生活中都扮演重要的角色。當你嘗試前進的時候，稍微緩一下，確保不同的「你」都是為了你好而一起盡力。

你不必非得在私底下和在工作場合都同一個樣子。尊重自己在生活中的不同角色，了解每個角色都有它專屬的重要地位。

記得盡可能實踐我們所秉持的人生原則。我們的角色可能會改變，但所秉持的理想及價值不變。

今天，我會尊重並接受過去及現在各種不同的「我」，也會保留彈性，創造自己的新面貌，或稍微改變現在的我。

活動：寫出你在人生中的各種角色，盡量詳細描述。下次遇到問題時，就向不同的角色徵詢意見。例如你想爭取升遷，不過身為父母的你可能會反對。瞭解自己的各種角色，然後做周全的決定。

9月13日 你認為自己是什麼樣的人？

有時候，為自我貼標籤很重要，因為「自我的力量」的箇中之道即在於此。

這裡不是說要貶低自己或自我設限。而是要我們接受過去的自己，還有當下的自己。而當我們能把想隱藏的某個自己說出來、正視它，也同時幫自己創造一個新的角色、新的自己。

大多數的人都不只是單純一個角色而已。我們是為人父母者，也是學習者，或者就是個成年人。我們在人生的過程中會創造許許多多個「我」。

特別留意自己每次在對話中說出的「我是」，或是想到這個念頭的時候。也留意你說「我不是」的時候。然後花點時間好好思考，不只是反省你說自己是誰，而是你想要成為什麼樣的人。

藉著說「我是……」來發現自己生命中的力量。

你說你是什麼樣的人，不是什麼樣的人？

給自己改頭換面的機會。

今天，我會了解並善用「我是……」的力量，來盡可能幫助自己成長。

9月14日 肯定自己

在我們很有自信對自己和別人說我是誰之前，通常要經過幾年的時間，也要在某個領域闖出名堂才行。我是創業家、飛行員、店老闆。喔，「我是」的力量真是驚人。

你想要變成什麼樣的人？當個好父母？當個好女友、男友，或伴侶？你想不想成為快樂、平靜又寬宏大量的人？別等到你成功了才說你是那樣的人。從現在就開始說出你想要成為什麼樣的人，而不要老是強調「我不是」。沒錯，你要學的事情還很多。沒錯，通往那條路的方式很多。而且你可能對這件事還不是很擅長，也還不是專家。但是你不一定要很擅長或成為專家，也可以說出「我是」這兩個字。

藉著使用並肯定「我是」這兩個強大的字，幫自己創造新的面向。然後看著新的自己慢慢浮現。

今天，我會善用「我是」這兩個字，創造自我期許可以成為的人。

活動：創造肯定自己的方式。我們每個人都有自己的路要走，每個人在不同階段有不同的需求。選出你人生中正在努力經營的一個部分。給自己一句自我肯定的話，讓你可以順利創造你拼命想要達成的理想情況。自我肯定的頭兩個字必須是「我是」。把這句話大聲說出來，重複說七次，而且要看著鏡子說。這個步驟每天做三次，早上、中午及晚上睡覺前各一次。讓自己持續做二十一天，每一天都要做，不能中斷，你也可選擇做到你完全相信這句話為止。

9月15日 你是一件藝術品

在所有藝術之中，我們只是學徒；真正偉大的藝術是我們的人生。

——瑪莉·卡羅琳·理查茲

你「做什麼」不代表你就「是什麼」。

你才不止這樣而已。

我們往往因為太投入工作，而讓工作成為身份認同的方式。每當我們把自己和工作的連結看得太重，我們就會剝奪自己扮演其他身份的機會。我們自我設限，以為我們就是這樣而已，永遠不會有突破。

我們對自我的概念是最難改變的觀念，但是一旦改變了也最值得。如果你從小到大都相信自己笨手笨腳，你的言行可能就會反映出這個想法——直到你發現，放下它，重新建立你的自我認知。

別再劃地自限，老是告訴自己說你的所做所為就代表你的全部。別以為你就是這麼一成不變。我們可以在現在這個階段學到我們應該學的人生課題，然後繼續學習其他課題。

我們是很有活力的人，我們來這世上是為了體驗、成長、改變。用我們的人生創作一項傑作吧。

今天，我會瞭解自己擁有美好的靈魂。謝謝上天賜予我我學習與成長的能力。

9月16日 讓你的創造力自然流露

要活出創意人生，就千萬別怕犯錯。

——喬瑟夫·奇爾頓·皮爾斯

創造力不只在於我們做什麼。

創造力是存在於宇宙間一股很重要的生命力量，而且每個人都可以取得，並用來幫助我們經營人生。要讓自己接觸那股力量，就必須放下心中的恐懼。

想知道有什麼方法可以修補你的人生嗎？發揮你的創造力吧。讓你的想法自然流露。聆聽你的直覺、你的心。

聆聽你腦中浮現的小點子，那個讓你非常躍躍欲試的點子。暫時放下理性思考，讓創造力幫助你活出人生。

今天，我會知道自己現在有什麼創造力、可以再怎樣更有創意。我會在用心經營自己的人生道路時，具有犯錯的勇氣。

9月17日 重新整理自己

有時候，我們會因為負荷過大而變得卡卡的，把自己逼得太緊，一天到晚太鑽牛角尖，一直做重複的事。有時候我們需要轉換環境。有時候我們需要藉著靜下心、朋友鼓勵的話，或者花時間看一本好書，重新整理自己的思緒。

也許有時候是我們的身體需要重新整理。我們需要來一杯冰涼的飲料、到戶外走走、小睡片刻，或泡一個舒服的澡。

或許我們需要更大範圍的重新整理，例如：利用週末去渡個假。就算預算有限，我們還是可以在野外走走，欣賞四周讓人神清氣爽的美景。

看看自己身邊。這個世界到處都有令人耳目一新的人、事、物。下次當你覺得自己被卡住的時候，放輕鬆一點。轉個念頭去做一些有助於自己提升效率、覺得對的事情。

重新整理你自己。

今天，我會瞭解有必要花點時間重新整理自己，然後不要再只是空想而已，要把想法付諸實行。

9月18日　面對眼前的挑戰

「你應該看看我年輕的時候。當時我可是很厲害的。」

「等我年紀再大一點，體格再更壯一點，我就會讓你知道我的厲害。」

如果我們一天到晚提當年勇，我們就無法敞開心胸，接受現在我們已經擁有的智慧與能力。我們也會因此拒絕聽從歲月給我們的教訓：放慢腳步、靜下心來、順其自然。如果我們要等到以後才會開心，就等於是剝奪自己享受當下的生命與喜悅。

別再緬懷過去，也別老想著未來會更好——不要只是老想著有一天自己會比現在更強大、更有力量、更好。

因為今天的你就很好了。讓你做你自己，然後樂在其中。

面對今天遇到的挑戰。

今天，我要成為一個最好的自己。

9月19日 你期望什麼？

生命的答案很簡單：知道自己是誰、在想什麼、有什麼感覺、相信什麼、知道什麼，甚至覺察到什麼；知道我們曾經到過哪裡、現在在哪裡、想要去哪裡。這往往不同於我們心目中理想的自己，也不同於別人對我們的期望、對我們的要求，甚至他們口中的我們。

——梅樂蒂．碧緹，《對自己好一點》

我們常常太執著於別人對我們的期望，而且更容易執著於我們自以為別人期望我們要怎樣。其中最大的陷阱就是把自己套進我們預先設定的框架。我們只顧著符合某種形象，以至於忘記真正的自己是誰。要掙脫別人對我們的期望很難，不管明示、暗示的期望都是如此。而且當我們硬逼自己去符合自以為別人對我們的期望，特別是不管別人到底期不期望，傷害就更大了。

照照鏡子。如果鏡中的人感覺像被侷限在一個不適合或不對的形象，是時候放自己自由了。

今天，我會放下自我，不再一味逼自己變成我自以為應該有的樣子。

活動：這個星期，去做兩件你想做、但別人不會期望你做的事。當然，會傷害自己或惡意造成別人痛苦的事情千萬不要做。也許你會發現做自己這麼容易、這麼好玩。

9月20日 **體會自己的人生**

當你一說出「我要改變」，並且制定計畫的時候，另一股力量也會應聲出現，不讓你改變。改變會自然發生。如果你更深入瞭解你的內心世界，接受你內在的樣子，改變就會自動出現。這就是改變本身弔詭之處。

——福律茲．培爾斯

完形諮商療法（Gestalt therapy）的創始人福律茲．培爾斯（Frederick S. Perls）醫師，曾提出所謂「完形你的感覺」的治療法，意思就是完整表達內心某一個感覺，讓身體與感覺融合而為一，完全接受這個感覺及體驗，並藉此超越、療癒或處理自己的感覺。

要怎麼讓自己改變？不要強迫自己。而是讓自己慢慢改變，讓你做你自己，盡可能用身心去體驗自己的人生、自己的感覺，以及你做為你自己的感覺。

當你完成這些體驗之後，整個人就會煥然一新。接下來，你也就接受了你自己。

人生不要老是用頭腦理性分析，要用心體會。

今天，我會接受現在的自己、現在的狀態、現在的感受。然後明天也一樣。

9月21日 仰賴自己的外在連結

萬物的本質是彼此依靠，不可能單獨存在。

——龍樹菩薩

我們會依賴身邊的一切，不只是為了生存，也是為了自身的愉悅。在這趟偉大的旅程中，我們需要食物、水，還有旅伴的陪同。

我們可以抱持自給自足的心態照顧自己，但也得靠外在力量才能存活下去，而且是活出充實的生命。我們是整體的一部分。我們每個人都是完整的部分，但充其量也只是其中一個部分。我們需要其他的部分，而其他部分也需要我們。

雖然我們不需要為任何人的期望而活，但也別忘了，我們的言行舉止會影響身邊的人。沒錯，我們可以有自己的想法、感覺、舉動。但我們做的一切，都會影響別人的生活。

我們不用為別人負責。但我們對他們有一些應盡的責任。

盡情享受你的自由。但也要重視自己與周遭世界的連結。

抱著尊敬、同理心及重視的態度對待自己，對世界所有一切也是如此。

今天，我會對萬物都有尊敬、尊重的心。

9月22日 做獨一無二的自己

當我們不再一味試著依循自己或別人的模式，而是開始學著做自己，開啟我們與生俱來的靈性，我們就會發現自己獨有的天賦。

——夏克蒂·高文

我們彼此之間會有很多共通點。而且尊重這些共通點會更讓我們在成長、改變的路上增添力量。不過，我們每一個人都是獨一無二的。每個人都有自己的強項、弱點、天份，以及脆弱的部分。心靈成長的目的不是為了消除每個人的個性。而是要了解，凸顯，讓每個人都可以用創意的方式表達自己。

我們不是生來要和別人一樣。比較只會讓自己不自在，不是覺得驕傲，就是覺得自卑。你就是你。生命的美好在於找到自己的節奏、看待世界的方式，還有自己的筆觸、遣詞用句等等。世界的美好也就在於我們彼此的差異與相似之處。自傲與有個性不同。放下你的自傲。讓你的個性，與所有的美善、小缺點、怪癖等全部呈現出來。尊重你與別人的共通點。然後做獨一無二的自己。

今天，謝謝上天讓我獨一無二。

9月23日 你有力量

照照鏡子。

其實你已經準備好學習人生的課題，準備好成長、達成目標了。

你已經具備跌倒再爬起來的勇氣。你的內在已經擁有所有你所需要的，足以讓你存活下去，並走你自己想走的路。

你的現狀不只是很好而已，你還可以去任何你想去的地方。而且我跟你都具備所有我們需要的力量，去學習現階段應該學到的人生課題。

今天，我會瞭解到，我所需要的都已經在自己心裡了。

9月24日 有意識的接觸

當我們放下我們彼此獨立的想法，接受萬物皆屬宇宙天地一部分的事實，我們就會發現：自己也是宇宙美好的一部分。

今天，不管你是覺得低潮、難過，或是喜悅、自由，花點時間讓自己與心中神性的那個部分好好對話。你不只是侷限於人生中那些微不足道的勝利或失敗。

好好享受自己的與眾不同；擁抱你自己的宇宙。凡事都自在輕鬆，虛懷若谷。

今天，我要意識到天人合一的境界。

9月25日 填空

故事的魔力在於字裡行間的留白。

我們讀小說的時候常常發現，作者只用了文字稍微描述了某個場景，然後我們就能根據自己的經驗、希望、渴望等，發揮想像力把空白的地方填滿。

人生也是如此。通常我們只是隱約知道，自己要走的路大概是什麼，不過，如果我們安靜下來，聽聽內心的聲音，就會聽到它很詳細告訴我們，那條路該怎麼走，一次一步慢慢走。沒有必要預先讓我們知道以後會發生的所有事情。如果什麼都要預先知道，那樣就沒有必要開始這趟旅程，我們直接看書就好了。

站起身來。用心活出自己的人生路。

由你自己填寫空白的部分。

今天，我要認真活到最後一分力氣用盡，自己發掘故事的結局，而不是預先就知道。

9月26日　跟世界連接

我在大半輩子的時間裡，都有一種自己很脫節的感覺，例如：跟自己脫節、跟別人脫節，也跟生命脫節。那種斷裂分離的感覺一直跟著我。也因為這樣，我迫不及待試著想跟某些人、某些地方、某件事情綁在一起，共同依存。

這些年下來，我慢慢發現這種脫節的感覺都是自己胡思亂想。流動於天地之間的能量及生命力，也一樣流動在世界上每一個人身上，你我都是如此。

不管我們知不知道，每個人彼此都是生命共同體。不需要誰來幫你，你就已經是世界的一部分了。放下你自以為脫節的錯覺。讓自己跟世界連接。

今天，我會瞭解自己是與世界融為一體，知道自己與周遭事物息息相關，也不會再白費力氣硬要抓住抓不住的人事物。

9月27日 做自己生命的主人

你願不願意為這整塊墊子負責，成為墊子的主人？這不表示別人就不能用這塊墊子。如果你有自信成為墊子的主人，你也可以有自信讓別人擁有這塊墊子。

——喬治・隆納德

《合氣道祕笈》的作者曾在書裡提到「擁有墊子」這個概念。這裡他講的是合氣道中，一種做為主人的氣勢。他學會在練武用的墊子上展現這種氣勢，也學會應用到生活中。

很多微妙的心態及過去的制約，會影響我們如何做自己以及周遭環境的主人，包括罪惡感、受害者心理、懶惰、憤怒、憂愁等，這些都會削弱我們做為自己人生主人的氣勢。

放下負面的行為制約。不管之前發生過什麼，今天就是新的開始。今天是你的幸運日。現在你可以主掌自己的人生、情緒、財務、感情、各種決定。自信滿滿地踏上你人生的墊子。不管你是要走進自己的工作座位，或在超市推著購物車，抬頭挺胸，站穩重心往前走。歡迎來到你自己的世界。

今天，我會知道如何過自己的人生。

活動：想想你生活中的幾個部分：工作、感情、財務、休閒、情緒、身體以及心靈。你是不是放棄在某些方面的主導權？如果是的話，今天，就把主導權拿回來吧。

9月28日　對自己負責

我們可以把工作分派給別人，但責任不行，如果責任真的是屬於你的。

有時候分派工作給別人很正常。我們可能會雇用別人幫我們做事，可能會去找醫生治療。不過，我們要採用哪個建議，以及我們在人生中要做什麼決定，最後責任都還是在自己身上。

要偷懶很容易。我們可以讓朋友、員工，甚至是醫生替我們做決定。我們可以聆聽他們說什麼然後都全盤接受。這樣一來，我們就不用為自己的人生負責了。如果最後證明這項決定沒有用，我們就會說，「你弄錯了。看看你把我害得多慘。我變成受害者了」。

沒錯，你是受害者。但你是你自己的受害者。

我們可以聽別人給我們的建議，讓別人幫助我們，但如果他們幫你做的事情原本屬於你的責任，那麼最後要為這項決定負起責任的人，還是你自己。

需要的時候向外求援。但不要放掉自己的力量。別忘了你會思考、你會感受、你會照顧自己，你會解決自己的問題。

別偷懶。別把你對自己人生的責任拱手讓人。

今天，我會記得我要為我自己負責。

9月29日 記得照顧自己

如果你知道自己要什麼，你要說清楚講明白。

最好不要期望別人會照顧你。即使他們同意這麼做，我們也不見得喜歡他們的方式。

雖然被愛、被服務、被照顧的感覺很好，但還是學會自己照顧自己比較好。

今天，我會記得照顧自己是我自己的工作。

9月30日 握有自己的力量

握有自己的力量可能是放手過程中最難掌握的部分。哪些才是自己的力量？什麼時候應該使用自己的力量？我的人生有哪些部分由我負責，哪些歸責天命？

你可以花好幾年去和別人講述自己內心的感受，但這不等於已經釋放了你的感覺與恐懼，繼續展開人生。你可以繼續念書，接受專業訓練，以便未來從事自己喜歡的行業。你可以每天晚上睡覺都把願望清單壓在枕頭下。但這樣還不算是摩拳擦掌、採取行動，不管是寫作、創業、學烘焙，買個畫架、準備好全副運動裝備等。你可以在圖書館讀完所有的旅遊書，但這不等於搭飛機去造訪你一直想去的地方。

就像我最愛的高空跳傘教練告訴我的話，跳傘時要記得三件事：

地心引力永遠會發揮作用；地面不會讓開；上天不會替你拉下扣環。

你已經把人生與意志掌握在手中。如今該是時候學會接受、發揮自己的力量了。

今天，我會擁有照顧自己的力量，學會如何把這件事情做好。

十月

覺察內在的自己

實現自己腦中的畫面・覺察內心的自己・徹底瞭解自己的心意・珍惜自己的夢想・想簡單一點・按自己的步調走・放低期望・先看見，然後放手・知道自己在做什麼・往哪裡看就會往哪裡走・美好就在身邊・培養覺察心・放慢腳步・留意你身邊的英雄・尊重自己的步伐・不要再騙自己了・意識自己的感覺・當時間到了，事情就會撥雲見日

10月1日 說我懂了

不管你是不是經過很長的時間，一點一滴發掘自己的夢想，或者不論你是不是會練習在腦海中把各種夢想視覺化，然後專心想像那個畫面，夢想都是上天跟我們溝通的方式。

放手裡面有個很重要的部分，就是學會說：

我知道我可以擁有什麼、我知道我是誰，我在哪裡，還有我現在已經有什麼了。

今天，我會更有自覺。

10月2日 實現自己腦中的畫面

「我怎麼走到這個地步，」我們環顧自己居住的地方，看看自己的伴侶，或是當下的工作，然後我們會這樣說。當然，這其中命運和老天爺扮演很重要的角色。

但我們也是呀。

我們所做的決定會帶領我們，每一項我們所做的重大決定都會形塑我們的命運。所有想法、意圖、想像力在在影響我們的每個當下，而且程度大到超乎想像。

問題在於我們所想、所做的，跟現實有很大的落差。而且當事情發生時，我們往往已經忘記是因為自己先前做了另一件事，才會造成現在的結果。在一天之內所做的各種決定會有什麼漸進式的效果，我們自己很難看清。

我不是說人生的遭遇都是自己一手創造出來，我們沒有那麼大的能耐。但事情也不完全都是聽天由命，很多事情其實操之在己。

注意自己的用字遣詞，尤其是那些過度情緒化或過度主觀的措辭。既然我們想要實現什麼，不如實現好的事情吧。

今天，我瞭解自己所擁有的力量，尤其是在生活中實現心願的力量。我會學會運用這些力量。

10月3日 覺察自己的心意

你內在的自己不會拐彎抹角，不懂太隱晦的事情，所以每次你渴望美夢成真的時候，就必須給它非常直白的指示……只要你交辦下去的事，它都很樂意去做。內在的自己其實很樂意有所發揮，幫助你也幫助別人，只要你想要的（在合理範圍內），幾乎都能夠幫你達成。

——伊妮德・霍夫曼

徹底瞭解你自己的心意。

心意不只是願望而已。心意是意願加上情緒和渴望。

有時候我們會讓別人知道自己的心意。例如，我們跟某人約會，為的就是有一天可以在一起。但當我們沒有清楚表明自己的心意，就可能會演變成操縱與掌控，最嚴重的甚至演變成改變對方的自由意志。所以最好的方式是一開始就搞清楚自己的心意。你要的是什麼？就你生活中的各種情況，像是工作或財務，你想要的是什麼？

有時候我們的心意會完全變調。舉例來說，我們可能希望某個人振作起來，但對方完全沒有要振作的意思。如果我們清楚表明心意，或許就不會因為老想操縱對方，而把自己搞得很痛苦。

當你遇到人生種種困難的情況時，要留意自己的言行。你有什麼規劃嗎？你知道你的目的是什麼嗎？有時候我們的心意藏在內心深處不容易察覺。例如，我們可能想結婚，想要有人照顧自己，這樣我們就不用靠自己了。是否有人會影響你的心意？

當你著手進行新計畫、展開新關係，或開始新的一天，先花點時間讓自己靜下來，好好了解自己的心意，也讓別人了解你的心意。

今天，我要讓自己的心意和渴望皆能符合我為自己的人生所做的最佳安排。

10月4日 珍惜自己的夢想

有時候我們會預見自己做了什麼。可能是第六感告訴我們要做什麼，甚至是夢到我們在未來做了什麼。也許是夢到搬進新家。然後某一天我們經過哪個地區，突然便感覺到自己未來會住在這裡。我們可能突然有強烈的預感，預知工作上會發生的事。

有人覺得這些預感或夢想，是我們的內在要記得自己為何來到這世上的一種方式。關於你想要的憧憬、夢想，都是非常重要的，遠比你想得更重要。

今天，我會明白自己要在人生中做什麼、經歷什麼，然後有意識地放輕鬆。

活動：在日常生活裡，留意自己的腦中蹦出哪些夢想，然後記下來。晚上做的夢也可以寫下來，通常夢境都有線索。不過要記錄的主要是清醒時的夢想，還有感受，也就是那些我們認為自己想要或可以想像自己做的事情。你是不是已經埋葬了童年或成年後的夢想（那些你想要追求、但後來卻被忘記的事）？告訴自己，是時候想起了，然後放手。留意腦中出現的畫面，寫下來，就算只有一兩句話也無妨。然後再放下。

10月5日 先試著想像

我們可以善用預想畫面，讓心靈的能量助自己一臂之力。只要花點時間靜下來，專心想著自己企盼的人事物，然後想像自己已經擁有了，或正在做、正在感受、正在碰觸等。有位女士跟我說，她藉助預想畫面的力量，終於離開了她的伴侶。

「我原以為非得要有這個人在我的人生中不可，但等我靜下來想像未來的日子，看到就算沒有他，我也過得很快樂，」她對我說。「我也好好檢視自己的內心，突然覺得很輕鬆、很感恩那個人讓我學到的教訓。我覺得自己不再對他無法自拔。預想畫面真的讓我完全放手了。」

預想畫面是很重要的心法。可以先在腦中想像自己做某件事，然後在現實中實踐。

預想畫面要確實去操作才有效。固定在每天的生活中練習吧。

預想自己完成某一件讓你會很緊張的事。花點時間在腦中把整個情境演練幾遍，直到你可以想像自己從容不迫、有條不紊，排除各種阻礙，順利完成。

今天，我要在生活中善用預想畫面，我要能夠靜下來預先想像畫面，盡力創造正面的環境。

10月6日 想簡單一點

你可能一輩子都不會去跳傘或泛舟，也可能會。不論如何，人生中很多事情，如果我們把它看成一件大事，就會覺得很吃力做不來。我從來沒想過自己可以走過勒戒、離婚、喪子等傷痛。我也從沒想過求職四處碰壁後，最後成了作家。

以前我從沒想過自己的人生可以重新來過。但至少我每天早上起床的時候，會告訴自己要好好把握今天。

你的人生是否正在發生什麼事，讓你喘不過氣來？化繁為簡吧。把事情拆解成可以處理的小部分，然後你就會慢慢發現事情很簡單。

今天，我要把事情看得簡單一點，並且在把事情愈搞愈複雜，或把事情想得太龐雜、超出我能應付的範圍時，把自己拉回來。

10月7日 告訴自己事情其實很簡單

你有沒有什麼事一直想做、卻認為事情太難太複雜，而遲遲沒採取行動？你是不是對人生中某件事情老是說「不」，但其實心裡想說的是「好」，可是事情看起來難以掌握，或遙不可及？試試看把工作或事情拆解成最簡單的狀態。

我有個朋友好久沒有跟人約會了。有一天，他喜歡的一個女生邀他去看電影。他覺得很緊張。

「看電影不就是坐下來，眼睛看著螢幕，看完之後站起來回家，」我說。「你應該做得來吧。」

「說得好，」他說。他接受邀約，而且玩得很開心。

有時候，我們會沒事嚇自己，搞得生活中最簡單的事也不敢做。沒錯，爬山不只是走路而已，約會也不只是坐著看電影而已。但再多也不過就這樣。把事情化繁為簡，整理成最容易處理的狀態。與其自己嚇自己綁手綁腳，不如說服自己好好體驗人生。

今天，我會有勇氣活出充實人生，說服自己去做些什麼，不要自己嚇自己。

10月8日　按自己的步調走

我和朋友一起去爬山。我走得既吃力又氣喘吁吁，越走越落後朋友一大截。我不想因為自己體力差而拖累他。

「你先走吧，」我大喊。

他看起來不太願意。

「你先走啦，用你的速度走。我也用自己的速度走。」

我說服他不要等我。雖然我們相約一起來，卻不代表要用同樣的步調爬山。我朋友繼續往前走，沒多久就不見人影。我也繼續走，邊走邊休息。其中有一次還停下來，卸下背包小睡一下。

最後，我跟朋友終於集合碰面，一起肩並肩走下山。

就算我們把事情簡單化，很多事情還是比我們原本想的困難。我們必須讓每個人用自己的步調前進。不管是解決問題或處理人生的課題，找出最適合自己的步調，也讓別人找出他們自己的步調。

不要和身邊的人比較。你可以受他人的步調鼓舞，但也要尊重適合自己的那種步調。

今天，我會知道每個人都有自己的人生步調，我會找到適合自己的節奏，然後享受人生。

10月9日 放低期望

當你剛開始嘗試創作，或初學一項藝術或手藝，我要你先把標準放低，低到沒有標準為止。沒錯。你不可能一開始就很厲害，不如好好解放自己，抱持愉悅的心期望自己搞砸吧。

——芭芭拉．歐爾與安妮．戈立比合著《實現夢想之法》

我一開始想讓自己復原時，分不清楚控制的行為跟設立界線的差別。我看不出我有沒有在照顧自己，甚至不懂什麼叫做照顧自己。我無法區分操縱別人與忠實表達自我情緒有什麼差別。但是過了一段時間，我居然寫出一本關於這個主題的書幫助別人。

從現在你所在的位置出發，就算做得不好也沒關係，總之先開始。就讓自己跌跌撞撞、笨手笨腳、搞不清楚。如果你都知道該怎麼做，就不用學習人生的課題了。等到未來兩年、五年，或甚至十年以後，當回顧現在，你會說：「哇，經過這一段時間之後，我居然變厲害了。」

享受那些跌跌撞撞的起步階段，因為那些都是你成功的關鍵。

今天，我不會因為做不好而不敢去做，我會降低期望，允許自己在剛起步的時候笨手笨腳。

活動：你是否因為害怕會做不好，所以一直拖延或逃避某些事情？寫下你曾經完成過的事，例如學過什麼專業技能、交朋友等。然後把你的心得寫下來。寫下你做那些事情時，一開始有什麼感覺。接著，列出你很想做的事情有哪些。在你的目標旁邊寫下這句話：剛開始做不好也沒關係。以後你每次努力要達到那個目標，就寫下自己表現得如何。隨時翻回這一頁記錄你的表現，不知不覺，你會發現自己的表現變得越來越好了。

10月10日 體會事情做對了的感覺

你是不是正在試著學什麼？你是不是很放不下某個人？你是不是正努力試著踏出第一步，克服你對某件事的恐懼？你是不是因為要參加某個會議所以壓力很大？

預想你做那件事的畫面。刻意放鬆你身心靈的每個部分，讓自己靜下來。不管是什麼事，想像自己已經在做了。體驗事情做好是什麼感覺。仔細地想像自己把事情做好的感覺。

如果你在預想畫面的時候遇到阻礙，讓你無法繼續想下去，可以問問自己，該如何修補或排除障礙。是不是你心裡的恐懼阻礙了你？這個恐懼是新的還是舊的？也許是因為有人很久以前說你能力不夠，讓你一直記掛在心裡。放掉那種能量，然後重新開始，感受一下做得正確是什麼感覺。繼續練習預想畫面，直到你可以很順地重頭到尾想過一遍為止。

如果你試過但還是無法預想畫面，更別說想像事情成功的感覺，也許那件事情真的不適合你。

預想畫面就是給我們自己時間，先練習一下，修正彆扭的動作、調適內心的恐懼、處理可能遇到的阻礙及問題。有時候，花點時間靜下心來，試著預想事情成功的感覺，也可以藉這個機會讓自己明白，究竟這件事情適不適合我們。

今天，我要運用內心的力量，在人生中創造出一個個正面、美好的畫面。

10月11日　善用自己的想像力

一開始別人建議我練習預想畫面的時候，我當下的反應就是：我沒時間，我太忙、太累了。

但我們的頭腦隨時都在想事情，腦中隨時都有想像的畫面。而通常我們預想的都是最壞的狀況。

何不把你花在唱衰自己的時間、力氣、精神，改用在預想事情成功的畫面？如果我們都有時間和精力去想像負面的「可能發生的最糟情況」，我們也一定有時間跟精力去想像正面的結果。

預想畫面不是一種控制的手段。在腦中預想事情成功的畫面，雖然不保證實際上就會成功，但至少你先在腦中預想成功的畫面，比起零畫面的人更有機會心想事成。

今天，我要用最有創意的方式，發揮意念與想像的力量。

10月12日 先看見，然後放手

以下是一個提醒。

當你發揮想像力、擁抱自己的夢想、用一些時間想像自己可能會表現得很好時，也別忘了要放手。別擔心事情將會變得怎樣。你該做的是看見自己展現最好的一面。然後回頭繼續做自己日常生活的大小瑣事。

放手，然後交給上天就別擔心了。並不是因為我們可以發揮創意去想像，就代表所有一切都必須操之在我。說「我懂了」，然後放手。

至於願望成真的事，就交給上天吧。

今天，我會在看清楚自己的夢想及預想畫面之後，一切就交給上天。

10月13日 也放下沒看見的

讓生命自然開展，就算你都看不到內心真正渴望的。

是不是你害怕接下來會發生的事？是不是工作或感情上出現什麼讓你很緊繃的轉變？

讓生命自然開展。別被過去限制住，也別被自己預想或想像的畫面限制。不要否認自己心中的氣餒或焦慮。讓今天自然而然展開。明天也一樣。

如果你因為什麼事情很擔心，而且你看不見事情怎麼可能成功，然後當下又無計可施，就放輕鬆，順其自然吧。

有時候意料之外的事，反而比原本所想像的跟看見的更好。就算我們自己看不見好事降臨，但老天爺可以。

今天，我會明白眼前看不見的事，在時機成熟時自然會清晰出現。

10月14日 自然而然預想畫面

我們大多數人常常會運用想像力，思索正在發生或即將發生的事情。所以留意自己說的話、看到的事，這樣你才能運用想像力這個強大的工具，幫助自己創造出任何你真正想要看到的東西或畫面。

注意自己在日常生活中是如何運用想像力，注意你有幾次自然而然說出自己預想事情完成的畫面。當你發現自己是用想像力預想負面的狀況，停止！把畫面清除，然後創造別的東西。

今天，我會留意自己是如何自然而然產生預想畫面，我會善用想像力，把它看成非常強大的創造工具。

10月15日 知道自己在做什麼

有時候我們太專注於自己腦海中的念頭，而忘記看看外面的世界。我們變得太執著工作的細節，或是太投入手邊正在做的事情，而沒注意到迎面而來的大問題，直到問題直接撞上我們才為時已晚。我們有的時候則是太陷溺在自己的情緒中而忽略周遭的人事物。或者我們太專注在自己排訂的應辦事項，例如：努力要讓某人喜歡我們、得到那份工作、買那一棟房子，或控制事情的進展等，結果沒看見各種警訊，不明白那個人、事或地方可能根本不適合我們。

學會去感受自己的人生，也要學著用直覺體會，自己是不是正走在對的道路上。要覺察。有時候我們會在問題還很小、還很遠的時候就發現了。如果你可以做到這點，那麼你的人生道路只需要稍做微調，就可以避免遇上障礙。

放輕鬆，抬頭看看你前面的路，這樣你才不會走偏了。

今天，我會注意危險的警訊，才不會為時已晚。

10月16日 往哪裡看就會往哪裡走

有時候我們太專注在自己不想要和害怕的事，結果變成眼裡完全只看得見這件事。

我們對這件事太執著、擔心，在腦中想了又想，而且一天到晚掛在嘴邊、或放在心裡想個不停，只在乎這件事。等到我們直接面對面撞上去的時候，我們還搞不清楚自己是哪裡做錯了。畢竟，我們明明竭盡所能要避開的啊。

這其中的道理很簡單。當我們往前行的時候要看路，但也要記得，你看著哪裡就會往哪裡去。

知道自己不要什麼，釋放自己的恐懼，留意視線死角的潛在危險，並且隨時保持警覺。你的心比你自己想得更強大。如果你把一切注意力與精神通通放在某一件事情上，你就會朝它前進。

今天，我要覺察並把精神放在自己該去的地方。

10月17日 美好就在身邊

有一個可以努力的終點很好；但是走到最後會發現，其實過程才是重點所在。

——娥蘇拉．勒瑰恩

公路旅行讓我學到，有目的地固然很好，但也不妨順其自然，看看旅行過程中有什麼驚喜，不要老等著旅行要帶來我們所預期的東西。

我們常常發狂似地尋找生命中的喜悅、頓悟，卻對眼前的美好視而不見。有時候，在尋找的過程中，也別忘了抱著一顆開朗愉快的心。就像小熊維尼說的，如果你想要被啟發，結果卻只是找到很平凡的東西，那就看著它的平凡，接受它本身的樣貌吧。然後你可能會有出乎意外的收穫，而且這很可能就會是你最初想要找的東西。

不要因為期望太高而錯過眼前的美好。畢竟生命中的喜悅與頓悟也沒那麼難找到。

今天，我會放下自己原來的期望，無論什麼都可以找到快樂。

10月18日 再看一眼

換個小角度看，世界大不同。

——謝爾．希爾弗斯坦

我早上都在屋子的後院喝咖啡，看著這個世界從睡夢中慢慢醒過來。有一天早上，我拿著咖啡過去，看到從英國過來的一位朋友正在到處拍照。

「這裡有什麼好拍的嗎？」我問。「要拍的話，我們可以帶你去附近風景更好的地方啊。」

「才不呢，」他回答。「英國人一定不相信我居然可以待在景色這麼優美的地方！」

我到處看了一下，想看到他眼中究竟看到了什麼。我笑了，然後這麼久以來第一次欣賞眼前絕美的景色。這一陣子我要不就只看到眼前落葉堆了滿地，要不就是只看見馬路上來往行駛的汽車。我已經被美景包圍卻因為太習以為常了，所以甚至完全沒注意到。

很多時候我們需要的不是換環境，而是用新的眼光去看待原本就存在的事。重新看看你的人生：你住的地方、你的朋友、你的工作、一切你所擁有的。也許你生命中所看到的景色比你以為的更美。

今天，我要用嶄新的眼光去看待自己的人生。如果我不喜歡眼前所見，我會再仔細看一遍。

10月19日 你自己看看

有個朋友喜歡爬山和當背包客到處旅行，而且一定要拍下沿途的美景。有一次他旅行回來後，和我分享他去深山露營的經驗，然後給我看一張超美的日落照片。

「我下來的時候發現營區的人都下山了，只剩我獨自一人留在山上。你應該在現場看看那晚的日落。那比這張照片美上好幾萬倍。」

「既然那天日落那麼美，那你當時怎麼沒有拍呢？」我問。

「我想那天晚上除了我之外，別人才懶得從那個角度看世界呢，所以我決定自己一人獨享就好，」他解釋。

你可以讀一本好書，看一場電影，甚至找幾個人生過得非常充實的人聊天，但除非你自己親自走一趟，否則你無法看見人生的各種面貌。

你是不是因為最近太忙所以一直沒有去看哪一個畫面呢？踏出舒適圈吧。去看看新的事物，或是用全新的眼光去看平凡的事物。不要只是匆匆一瞥。好好認真去看。然後把圖像放在心裡。除非你在現場，否則就只能錯過了。有些事情非得要你親自去看不可。

今天，我要把自己的人生活到極致，我要看見、珍惜世界上的各種美好。

10月20日 活在當下

花點時間，好好想想自己要往哪裡走，但也不要想太久。從過去的事情學到教訓，然後把昨天放下。讓明天就是明天。不管我們再怎麼預測未來會發生什麼，不管我們怎樣努力向前看，這些預測只不過是根據經驗所做出的猜想罷了。如果眼中只看見你正在走的路，你就會錯過沿途周遭其他的美好。即使你到達目的地——你的未來，你可能根本不記得自己去過哪裡了。你可能已經習慣做什麼都匆匆忙忙，以至於未來終於臨到的時候，你根本無法享受其中。

留意自己所在的當下。看看自己的眼前有什麼，而不是你希望有什麼。花時間去看、去享受、去欣賞當下存在的一切。必要時就採取行動，要不然就靜靜欣賞美景也好。你可是費盡一番辛苦才到這裡。好好享受吧。

學著專注現在、活在當下。

今天，我要更善於覺察與欣賞生命中的每一刻。

10月21日　培養覺察心

意識是脈衝的振動，是萬物的本質，而覺察則是每個人內心區分個體的「我是」。無論身在何處，我的覺察皆與我同在。當我移動時，我的覺察跟著我。當我專注覺察著某件事，我就會感知那件事。透過感官知覺，我能夠看到、聽到、嚐到、聞到、觸摸到。透過更高階的感知，我能夠覺察到更多。

——伊妮德．霍夫曼

無論是預想未來或是沉浸在當下的美好，都要運用你所有的感官。

不要只是看著你人生中遇到的人，還要傾聽他們、用心體會他們的力量與存在感。

慢一點，不要走那麼快，不然會錯過重要的事。培養覺察心。把所有的感官知覺變成生命的中心。

覺察不只是用看的。除了用眼睛看之外，覺察還與看到什麼有關。通常當我們尋找某個事物，無論是家庭或伴侶，我們眼中只看見自我投射出去的畫面——我們的希望、恐懼、過去及渴望。

放輕鬆，不要再把你自己的想法投射到外在世界。放掉你對事情的評斷。那些事情跟人就隨它們去吧。運用你所有的感官培養覺察意識。學會真正去觀看。

今天，我要放慢腳步，變得更有覺察力。

10月22日 留意你身邊的英雄

英雄跟人生導師都可以啟發與教導我們去成就生命中偉大的事，在我們猶豫不決的時候，幫忙指點迷津。他們也會在對的時間傳遞給我們對的訊息，引領我們向前走。但如果我們花太多時間崇拜某一個人，我們就容易完全忽略掉訊息本身。

好好想想在自己生命中，哪些人被你認定是人生導師、英雄、良師等。感謝他們對你的一切幫助。但也要知道這些人可沒有、也無法給你所有問題的解答。他們也是人。他們也有盲點、偏見，也有自己的人生課題要學習。

聽聽你的人生導師說什麼。感謝他們為你帶來的靈感與訊息，但不要變成英雄崇拜。學會自己獨立思考。

今天，我會記得重點在於訊息本身，而不是傳遞訊息的人。

10月23日　找出、尊重自己的步伐

不要完全依循前人的腳步，而是要追求前人所追尋的目標。

——松尾芭蕉

追隨英雄的危險之一就是過度效仿，反而無法走出自己的路。J先生二十四歲時辭掉工作創業。五年後他賣掉公司賺了一百萬美元。我們想要學J先生，結果卻搞得負債累累。怎會這樣？不。是我們搞錯了，把英雄當楷模不等於要完全走一樣的路。J先生的路帶領他走上創業一途；你的路或許也會帶你往同樣的目的地，但可能是在人生另一個階段。

我們可以從崇拜的對象學到很多，但要小心，他們走過的路、經歷的時程，跟我們的不一樣。該你創業、展開新關係或做你想做的事情時，當準備好了，一切會水到渠成。也許你的時間點跟別人的不一樣。

我們都有自己的步伐與道路要走。雖然很多人的人生課題很像，但每個人都是獨一無二。如果我們只東施效顰，而不去學習背後的想法，我們充其量就只是次級版，而且更糟的是可能永遠找不到自己的路。別人的步伐可能對我們來說太長、太短，而且我們也無法真正學到人生的課題。

今天，我會放下苛求自己或別人表現要完美的期望。

10月24日 當看得到、卻總是得不到時

你所看見的不一定會是你得到的。

有時候別人並不是他們表面上看起來的樣子。人往往會不實地呈現自己的某一面，想在別人心中留下好印象，或操縱別人按自己的意思行事。要知道雖然很多人，甚至大部份的人是老實人，但還是有一些人會裝模作樣。他們可能宣稱自己有哪些經驗而你沒有；他們可能會宣稱知道要怎樣做才能充實你的人生；他們還可能誇大其詞，宣稱自己是某號人物，但事實不然。他們可能會利用自我吹捧的身份去掌控、操縱你。

小心身邊那些把自己貼到假背景上、而且藉此操控你的人。事情不能只看表面。不要急，你有的是時間，總之好好看清楚對方背景到底是什麼。

大多數人多少都被誤導過。有時候別人騙我們。有時候是我們自己騙自己。記得要放下自己的無知。

今天，當我被人欺騙或操縱的時候，我會知道，然後看清真相。

10月25日 不要再騙自己了

即使最厲害的人也偶爾會被騙。就像有人變魔術讓我們印象深刻，但事後我們發現，那根本不是魔術，只是一些幻覺。

有時候問題不在於別人要騙我們，而是我們自己騙自己。我們相信自己想要看見的，所以不管看見的現實是什麼也無所謂。然後當現實浮上檯面，我們告訴自己只要停止呼吸，隱藏內心的感受，盼望的時間夠長、夠真誠，那麼現實就會改變。

當我們被欺騙的時候，不要因為被騙就生自己的氣。我們需要看見、承認事情的真相，而且要知道現實是什麼。

不要因為發現自己陷入窘境覺得難為情，就看不起自己。有時候我們只需要承認事情的真實面，包括我們自己真正的感受。然後經過幾天或幾個月之後，解決方法就會自動明朗化。

當所有的幻覺消失之後，真正的魔法才要開始。你將在人生的路上得到指引。

今天，我會記得當我承認、接受真相時，我也同時獲得改變的力量及指引。

10月26日 意識自己的感覺

今天，發生了什麼事嗎？你有什麼感受嗎？

就像從小到大因為無法處理而一直悶在心裡的那些感覺，無論我們怎樣壓抑或否認，它們仍然存在。它們逗留在我們的能量氣場，直到我們承認它們的存在。有些時候這些壓抑的感覺則會讓我們看不見真相。

對我們很多人來說，抗拒自己的感覺是從古至今人類慣用的生存方式。花點時間回想自己的一天，但不要只是回想自己做了什麼、喜歡什麼，而是說出自己對於當天所發生的每一件事情的感覺。

你可能會有一些連自己都很驚訝的發現。你沒必要得告訴別人自己的內心感受，但你可能會這樣做。不過，可以確定的是，至少你一定要清楚告訴自己那些感受是什麼。

今天只是簡單提醒你記得你原本就知道的事情。覺察每一天發生的事，也留意自己內心的感受。

今天，我要記得，我可以做自己，不管有什麼感受，都要用心體會。當我以為自己的感受是麻煩事的時候，我會提醒自己，它們其實是開啓我能量的鑰匙。

10月27日　意識自己的控制慾

記得當我們試著想控制別人的時候是什麼感覺。

「當時我正在開車，覺得前面那輛車開得太慢了，」一位朋友跟我說。「我氣急敗壞，破口大罵前面開車的人，好像這樣就可以讓他趕快換別的車道，讓我先走。」

「但過了一會，我忍不住自己笑出來。我不是氣前面那個駕駛。我生氣是因為我想控制自己根本無法改變的事情。」

覺察自己的感受，但也記得留意，有時候把我們逼得抓狂的人不是別人，是自己。

今天，我要覺察生活中的小題大作，放下動不動就受控制的心態，有勇氣接受自己內心的感覺，並且覺察出自己的意志力是否正要失控。

10月28日 讓頓悟自然降臨

有時候我們越想學習人生的課題，我們就越迷失越困惑。「這什麼啊？」我們問，並且瞇著眼睛看問題。

放輕鬆。放下自己的期望與解讀。不要太用力硬要想看清楚。

有時候人生的課題也許只是簡單提醒我們生命中的某個部分，或練習對自己或別人展現同理心。有時候我們經歷的是比較重大的課題，可能需要好幾年才能完成、徹底理解。我們往往會誤以為有些課題非得要嘔心瀝血才有辦法學會。但不是這樣。

我們只需要看見我們眼前看到的事，知道我們現在所了解的事就好了。體驗自己的人生。

當時間到了，更多事情就會自然明朗。

練習不用瞇著眼看。

今天，我要活在生命中的當下，而不要太琢磨細節。我會相信當時機成熟，我就會明白自己的人生課題是什麼了。

10月29日　看懂人生的際遇

有一天我不小心把車鑰匙和包包都反鎖在車裡。剛開始我很煩躁、惱火，但之後就坦然起來。在等車行來開鎖的同時，我到旁邊小店閒逛，結果意外地找到自己一直想買的某種平底鍋。

有時候麻煩的突發狀況就真的只是一個狀況而已。有時候我們只需要慢下來，把自己拉回到現實，留意周遭的事物。有時候，其實是老天爺想要我們看見什麼。偶爾我們會發現，眼前發生的這個麻煩事，其實是因禍得福。

從容面對生命中的阻礙與麻煩。與其生氣不爽，不妨試著默默接受當下的狀態。敞開心胸覺察周遭，看看此時此刻是不是老天爺想讓你看見什麼。

今天，我要張開雙眼，看見上天想要讓我看見的一切。

10月30日 接受生命的各種樣貌

上天呀，祢是真的隱形的嗎？還是在變魔術呢？

——《孩子們給上天的信》

有時候我們只看得見眼前幾公尺以內的路。這條路一直都在。我們只要繼續往前走，就會脫離黑暗，走進光明。只要一次踏出小一步就好。

接受生命中的各種狀況。用心體會自己的感覺。如果你現在覺得很痛苦，就用心察覺自己的傷痛與苦難。不過要記得，雖然你看不見上天，上天卻看得見你。而且祂很關心你。

從今天開始，我會用心體會自己的感受，不論是痛苦還是喜悅。

10月31日 承認自己的脆弱

我還記得那一天，當我願意對外界展現自己脆弱的一面時，我正在某個海邊散步，跟朋友講到我之前住在某一個小鎮，日子過得很安穩、很平凡。當時我以為一切都在掌控之中，以為小鎮生活比較安全，卻沒想到我的兒子竟然遭逢意外過世了。看來小鎮生活並沒有我原本預期的安全。

「百分之百安全是一種錯覺，」我對朋友說。「唯一真正安全的時候，就是不管當下正在做什麼，我們都願意承認自己其實是很脆弱的，而且坦然接受。」

「請上天與我同在，」我對身旁友人說。

「傻孩子，」她說。「妳不需要向上天請求呀。祂已經與妳同在，隨時隨地都在。」

今天，我會隨時隨地都覺得很安全、很自在，而且感受到上天與我同在。

十一月

學會說「我可以」

讓自己不自在・穿越你的恐懼之牆・去做那件讓你害怕的事・奇蹟正在發生・慶祝人生中的轉折・要有意願・掀開盒蓋・想辦法說「我可以」・你自己設定開關・放手的自由・有勇氣幫助別人放我走・迎接謙卑所帶來的福氣・你所遇到的挑戰你都禁得起・展開翅膀，學會飛翔・讓別人知道你是真心・從你的能量中心出發・現在就說謝謝

11月1日 學會說我可以

「這給妳，」朋友在我生日當天對我說。

我抱著雀躍的心情打開小盒子，拿出項鍊放在手心上。「快看說明書裡寫了什麼，」朋友催促。

我把小冊子拿起來讀。這條項鍊不是一般珠寶，而是一種古代信物，象徵著自信——這個看不見、摸不著、卻決定我們能不能有個快樂人生的東西。

這正是我要的提醒，提醒我，記得要相信自己。

我們容易對自己沒信心，也許以前曾經有人叫我們不要相信自己，也許我們曾經犯錯，幾次經歷後認清事實；或者我們是因為過去判斷錯誤、學到教訓之後，我們不再相信自己了。也可能是因為人生發生的重大事件造成內心創傷，例如，離婚、摯愛死亡或失去。

別驚慌。深呼吸。

別再說「我不行」。放手就是學會說「我可以」。

送自己一份信心當禮物吧。

今天，我要學會相信我自己。

11月2日 對，你可以

「喔不，我沒辦法。」

「好吧，我可以試試看。」

「我想我可以，只是做得不好。」

「我已經在做了，只是戰戰兢兢。」

「完了！錯了。看來我根本做不來啊。」

「好吧，我再試一次。」

「我想其實我做得到。」

做任何事情都有一個學習的曲線。我們不只要知道怎麼做，還要知道怎麼做得好。我們知道就算不相信自己，但冥冥之中上天還是相信我們。我們需要相信自己。

把你的「我不行」變成「我可以」。慢慢來沒關係。學會如何相信自己。要有耐心。接受你目前在學習曲線上的位置。

今天，我會以不卑不亢的自信，享受生命的美好、珍惜自己。

11月3日 你正在學新東西

「我們要找什麼啊？」史丹利問他。

「不是要你挖洞找什麼，而是要培養你變得更有自信……」

（史丹利）一臉無助看著自己的鏟子。鏟子沒壞。壞掉的是他自己。

——路易斯．薩奇爾

有時候當我們面對人生的阻礙，例如，新工作、新學校、新事物，我們很容易感到手忙腳亂，然後開始相信自己真的很不行。我們會心想，也許自己真的沒那個能耐。也許我們只需要留在原地，不管自己喜歡不喜歡都無所謂了。

身為人類最棒的一點就是，我們能夠適應新環境。另一個優點則是我們有改變與成長的能力。

你正面對什麼新狀況？無論是接受新的一段關係、展開新工作、準備考試、學會適應單身生活，或學會當一個快樂的已婚人士，你都有責任去承受人生要求你做任何事情。

凡事都必須從頭做起，因此我們往往覺得自己還沒準備好迎接眼前的任務。這是好事。如果你對身邊一切都感到十分安逸自在，那你就可能沒有機會成長，也學不到新事物。

留意你跟自己對話的方式，不管你說的是「我可以」或「我不行」都一樣，然後用充滿自信、快樂開朗的語氣說這些話。知道內心哪些感受會打擊你的自信心，然後放下它們。放下恐懼及不知所措的感覺。

你可以學新的事物，可以與新的主管相處融洽，你可以學著照顧自己。你可以。你可以。而且你做得到。你可以、也即將會適應這個角色。

你沒有壞掉。你的鏟子也沒壞。拿起鏟子開挖吧。

今天，我會有力量與自信，成長、學習，並看見世界的美好。

11月4日 讓自己不自在

過去當每次我開始做一件新的、有意義的事，都得要先經過一段不自在或很害怕的階段。我必須穿越一道恐懼之牆。

學會放鬆自己、找出讓自己輕鬆自在的方法，是學會照顧自己的重要一步。但有時候也需要勇敢踏出舒適圈。

有時候恐懼是好事，警告我們真正的危險、還有眼前的威脅是什麼。恐懼會告訴我們「不要那樣做」或「逃跑」。

但有時候恐懼與不自在只是我們因為學習新事物而產生的感覺。放輕鬆。深呼吸。不管是什麼事，總之做就對了。會感覺不自在是很正常的。

你是因為自我保護，還是因為面對新的、未知的事情才直覺產生恐懼？如果你的恐懼不是為了應付外在威脅而產生的直覺反應，就讓自己習慣不自在的感覺吧。

穿越你的恐懼之牆。去做那件讓你害怕的事。成長。檢視你的恐懼，然後再來一次。

今天，我會克服內心的恐懼，習慣成長過程中的不自在，然後變得更成熟。

11月5日 奇蹟正在發生

來慶祝人生中的轉折所帶來的奇蹟吧！不管你努力想要變成什麼樣的人、做什麼、學什麼，都可以慶祝。就讓奇蹟很快發生也好，慢慢發生也可以，總之順其自然就好。

日復一日，月復一月，年復一年，原本令我們感到難以承受的恐懼，會慢慢被內斂的自信所取代。起初覺得不堪負荷的任務或工作，都會開始覺得很習慣、感覺很對。而且你也會慢慢變得很怡然自得，甚至完全沒發現自己已奇妙地轉變了。

享受你今天的成長過程。雖然你可能沒注意或者還不知道，但平凡的奇蹟正在發生。

今天，我會明白自己正在學習曲線與成長階段的哪個位置，明白不管自己有沒有發現，奇蹟已正在發生了。

11月6日　要有意願

跌成狗吃屎並沒有什麼，但如果你就只躺在原地不動，那才是丟臉。

——艾德蒙．凡斯．庫克

有時候問題不在於我們不相信自己可以。問題在於不管眼前的任務或挑戰是什麼，我們不想去做。我的兒子過世後，我完全不想恢復過正常生活。

我不想接受挑戰。挑戰一點也不令人振奮。我不想要承認失去的事實，也不想走出傷痛。在那段痛苦、糟糕的傷痛期，大家都不知道怎麼跟我互動。他們看我在悲傷中一蹶不振，都非常同情地安慰我。當然這樣很好，但同情跟安慰不是我當時需要聽到的話。

「妳要好好振作啊，」某位瘸了一隻腿的朋友大聲說。「妳要重新站起來啦。勇敢迎戰人生。」

人生的問題和挑戰有時候令人亢奮，有時候一點也不。但不管如何，哪裡跌倒就在哪裡爬起來。

如果你有需要，就讓自己悲傷，讓自己對失去感到憤怒吧。然後，不管你接不接受失去的事實，都要重新站起來。你不一定真正發自內心；也不一定要相信自己可以。有時候，我們只需要敞開心胸給自己機會，然後相信自己做得到。

今天，我會相信生命。

11月7日 你可以做什麼？

波特先生在六十四公尺的高塔上玩高空彈跳，慶祝他的一百歲生日。當過他多年的家庭醫師想勸退他，他就換人，另找新的醫生。

——史黛拉．藍斯尼克，《快樂地帶：激發最深的快樂潛能》

沒錯，有些事情我們做不來，有些事情我們得不到，而且有些事情我們打從心底渴望擁有。別再為這些事情煩心了；繼續看下去，清單上還有很多你可以做、也可以得到的事物。

哪一個看起來也還不錯呢？

不管我們這一生有什麼限制、有什麼缺陷，或是「無法擁有」什麼人事物，我們都「可以」達成我們的目標，而且在過程中找到樂趣。

今天，我會知道自己可以做哪些事。

11月8日 掀開盒蓋

你的勇氣多寡決定這個世界縮小或變大。

——阿娜伊絲·寧

我們每個人或多或少都曾在「箱子」裡待過。待在箱子裡很舒服。但不管你把它變得多舒服，它就只是個箱子。箱子有不同形狀大小，但每一次我們開始讓自己被杞人憂天的恐懼拖住，就應該要知道自己正爬進另一個箱子裡。也許要過個一段時間，但遲早我們會撞向箱子邊邊。

找出你人生中一個「我無法」，然後把蓋子掀開來。看看四周，外面的世界真的很大。如果你覺得世界看起來很小，那是因為你把自己侷限了。就算看起來沒什麼機會，還是可以試試看。去應徵那個你夢寐以求的工作，就算沒錄取，也許會從其中發現自己新的一面，然後當你停止期待奇蹟出現而開始腳踏實追求夢想時，世界就變大了。

去吧。用力把頭頂的蓋子撞開，然後把頭探出去瞧瞧。你看！這世界是個多麼美妙又令人驚奇的地方。找出你內心的恐懼，把恐懼變成梯子。跳出疑慮和不安的箱子，踏進勇氣與自信的自由天地。

今天，我會有勇氣爬出自己的箱子。

11月9日 讓自己開心一點

靈修最後一天，我告訴靈修導師我太忙了沒有時間，可能要過很久才會回來。他立刻回說：「時間不是問題，問題是你很『沉重』。」他轉身下樓，回來的時候手上多了一條毯子。「給你。這條毯子有魔法。你坐在上面，放掉心中所有的沉重感，就可以悠遊自在想去哪就去哪。時間真的不是問題。」如今我已體會這句話的意義。但每次我跟別人分享這段故事都會被笑。連你也在笑？那好，你就留在原地吧。

——狄奧法內斯修士，《神奇隱修院》

通常人生的問題不在於時間，而是心很沉重。我們沒有那麼忙。但在現實中，我們常常太多憂慮、執著、心存疑慮、過度擔心、怕東怕西。釋放你心裡的重擔。讓重擔沉落下去，好讓自己一身輕。丟掉一切重擔之後，你就可以輕飄飄度過日常生活的每一天。你可以決定自己的生活要怎麼過，而不是被一天的狀況控制。

找出人生中沉重的負擔、那些綁住你的杞人憂天，然後放掉。擔心太多會只壓抑自己真正的想法。找出你的重擔就放手。然後爬上你的魔術飛毯，輕鬆飛越自己的一天。

今天，我要把重擔變輕，停止擔心、懷疑、恐懼。我會瞭解內斂自信的力量，學會說「我可以」。

11月10日 想辦法說「我可以」

我們每個人都有屬於自己程度的自由。有些事情我們做得來，有些則無能為力。有時候人生不同階段的自由會有高低起伏，因為有時候我們得要對別人負責。有時候我們會在人生不同的時間點，遇到身體上可以做到或不能做到的限制。

多數的人都很清楚自己什麼可以做、什麼不能做，至少知道哪些做了會有後遺症的事情不能做。但有時候我們太過自我設限，做什麼都要先瞻前顧後一番。原因在於我們太習慣接受自己的限制，我們會自動告訴自己，那個我做不到，所以我什麼都做不到。

知道哪些事情自己理所當然做不來，或哪些事情不做才是明智之舉、才會更強大。學會在這些限制範圍內生活。這也是擁有力量的方法。

但別就停在這裡了。還是要抬頭環顧四周，看看你可以做什麼。當你認清哪些事情你真的做不來，通常接下來你就會發現自己可以做什麼了。

今天，我會承認自己不能做什麼，然後獲得力量。藉由發現我可以做什麼，讓自己變得更有力量。

11月11日 用心打造一條路

「我已經達成成家立業的目標了，」一位年近四十的女性這麼說。「現在該是時候照顧我自己了。我決定每週花一小時做一件自己真正想做的事。」

一小時？你真正想做的事只花這麼一點時間做？往往我們很輕易就剝奪自己真正想做什麼的權利。有人也許會說，現階段我們有必須盡到的責任，包括要對別人履行的責任，因此佔去了我們大部份時間。有時候我們必須做自己不想做的事，才能達到人生的目標。

當我們的人生開始變成以「應該做什麼才對」為導向，就是作繭自縛了。我現在應該為家人做什麼；我現在應該住在這裡；我的錢、時間、精力應該要這樣花才對。

誰說的？

花點時間想想，是誰的「應該怎樣才對」在主導你的人生。那些你以為自己應該要做才對的事，是否真正反映出你心中的目標、責任與承諾呢？還是你已經偏離自己太遠，你的人生不再真實反映出在你心中你是誰，還有你想要什麼？

每週你會花多少時間做你想做的事，或是做你認為可以達到自己目標的事？不管是不是你必須要做的事，每週你會花多少時間去做你覺得自己「應該」做的事？

想得到自己人生渴望的事物是需要負起責任的。我們需要注意生活中的各面向，注意被我們放下的事情。但也別忘記解放自己。也許那些你在抱怨的事情，就是實踐夢想的前奏。如果真是這樣，就停止抱怨。或許你已忘了你正在做的事就是自己真正想做的。也或許你檢視自己的日常生活後發現，有些自己在做的事根本沒必要，不是自己想做的，也不會帶領你到達你想去的地方。你只是告訴自己得這麼做，但你其實不必。

從今天開始，每天花一小時做你自己真正想做的事，沒多久你就會想把時間拉長到兩個小時。到最後你的「應該」就會跟「想要」有所交集。這表示你已創造內心真正渴望的人生方向，展開這段旅程。

今天，我會用心找到自己的路，展開這段人生的旅程。

11月12日 善用自己的連結

當你努力相信自己可以，不管是相信自己可以接下來二十四小時都心平氣和、學會照顧自己、開始一段美滿的關係、維持家庭生計，學會開車或敢高空彈跳，都要跟可以幫助你相信「我可以」的人、地、事建立連結關係。

如果你遇到一個人正走在你走過的路，記得跟對方分享你當初一開始的心情，也幫助他們建立自信心。

今天，我會真心誠意待人，隨時幫助別人，也讓自己變成別人心中的好連結。

活動：寫下自己人生中的各種連結。人生中有哪些部份需要你的信念，相信自己可以做到？舉例來說，照顧自己、扶養孩子、學會一項技能、學會經營一段關係、適應單身生活、走出傷痛、處理個人財務、學一種新語言等。列出一份「我可以」清單，然後詳細列出手邊有哪些可以幫助你相信自己的連結，又有哪些可以開發的潛在連結。無論連結的時間只有短短一小時或一天都好。寫清單的用意是要幫助你相信自己可以。把連結都寫下來之後，等你需要給自己打氣說「我可以」的時候，就拿出來用吧。

11月13日 自己設定開關

多年來，我們讓許多人替我們按開關。為什麼不試試看自己按就好呢？

為自己創造一個控制面板，上面每一個開關都代表一個你想處理的問題。你可能想裝一個控制恐懼的開關，不過可別把這個開關完全關掉。你需要一點恐懼為自己指引方向。也許把恐懼調到二，或其他你覺得還可以接受的程度。接著換另一個開關，上面標示「內斂而有自信」。這個開關也許可以調到八。再來換到享受玩樂的開關。這一個不如就直接轉到十吧？

為你人生中的不同面向分別設置一個開關，隨時可以調高調低，然後，三不五時走進調控室，檢查開關是不是都維持在正確的狀態，也看看斷路器是不是開著。

今天，我要擁有自己的力量。

11月14日 放手的自由

有時候我們不光只是自己放手去獲得自由，我們還可以幫助別人放下我們而獲得自由。你的人生是否需要放下什麼事情或放下某個人，你才能成長？你需不需要幫哪個人放下你？有時候讓別人一直依賴我們的感覺很好，這讓我們覺得自己被需要、覺得自己有能力。我們因而感到自信十足。但是這樣做卻可能拖住他們，也拖住了我們自己。去吧。時候到了。讓你們兩方都自由吧。

今天，我會放下想讓別人一直依賴我的感覺，並有勇氣幫助別人放我走。

11月15日 讓別人知道，他們也做得到

讓別人相信我們可以做到的一個好方法，就是幫助他們也相信自己可以做得到。

我常常在日常生活裡告訴別人他們要做的事或可以學習的事，往往那些也是我要告訴自己的事。不斷重複就會形成信念。當我們告訴別人什麼的同時，我們也是在告訴自己。我們增進對方信心的同時，也是在提升我們自己的信心。

有人說：「當學生準備好時，老師就會出現了。」這句話也許沒錯。但有時候學生出現是因為老師也準備好要學習這一課了。

有時候幫助他人也是在幫助自己。給予他人幫助的同時，我們往往自己也會得到一些幫助。

今天，我會記得幫助他人的意義：在協助他人提振信心與力量的同時，自己也會得到福報與幫助。

11月16日 持之以恆

如果我們把原本花在做負面事情上的一半精力，改用在做正面的事情上，那麼就沒有什麼事是我們不能做到的。

我們大多數的人都有自己的堅持。我們會一直鑽牛角尖，老是想要改變無法改變的事，通常是某種情況或某人的行為。你不如乾脆把這些精力、堅持、決心，甚至是執念，用在你有辦法做得到的事情上，並且持之以恆。

不要強求。

別再擔心人生中那些看起來就是不可能的事情。細水長流，穩紮穩打，就像雨滴一般，你的善良靈魂會自然而然為你排除人生道路上的障礙。

當我們順其自然的時候，人生就會越來越好。

只不過有時候順其自然也要堅持下去，才有辦法改變我們可以改變的事情。只要份量充足、源源不絕，滴水可穿石。

今天，我會有勇氣與力量，堅忍不拔、堅持不懈。

11月17日 糾正錯誤

有時候，我們犯的錯誤不是太大，例如，我們無心說了什麼話傷害了其他人。或者我們的行為表現不得體，事後覺得很愧疚。有時候我們犯下的錯誤比較嚴重。我們可能得到一份工作或展開一段起初以為很好的戀情，結果卻發現並不是這樣。

不論當時是什麼原因導致我們犯錯，我們就是犯錯了。我們在人生的路上轉錯彎、走錯路，來到不是我們原本要去、想去的地方。或者我們是走到了死巷。

不去道歉或做修補會影響我們的人際關係。當我們因為驕傲或羞愧而不願意改正，我們就是把自己的心門關上，將自己跟所愛的人拒於千里之外。

承認自己的錯誤。盡自己所能，採取必要行動，為自己跟相關的人做彌補。

敞開自己的心胸，說出下面這五個字：抱歉，我錯了。然後放手，繼續過日子。鼓起勇氣做自己必須去做的事，讓生活恢復正軌。

今天，不管是小差錯或是在人生的重大轉捩點出錯，我都會在犯錯時，向自己和所有相關的人認錯。然後糾正錯誤的言行，重回人生正軌。

11月18日 即興發揮

別害怕犯錯；因為天底下沒有所謂錯的事。

——邁爾斯．大維斯

人生是一首爵士樂曲。時而嘈雜、時而憂鬱，但總是充滿意外插曲及轉折，而且時不時會出現令人愉悅的聲音。若是從嚴謹的古典音樂觀點來看，也許我們會說這個新的和弦彈錯了，但是在自由奔放的爵士樂裡，新創和弦就是主旋律的一部分。

所以，你的工作不適合你；你選擇這個工作只為了符合別人對你的期望，而非你自己想要的。這樣算不算是一種錯誤？如果你一天到晚只思索著自己不想待在這個地方，應該在別的地方，沒趁機好好認識自己，那才真的是錯誤。

承認自己的錯。當你錯了就說「對不起」。但不要因為過去的錯誤而東怕西怕，也不要因為未來可能犯錯就綁手綁腳。沒錯，未來我們還是會搞砸，但說不定在過程中會有新的啟發。

今天，我會從錯誤中學習，並把重大錯誤變成成就。

11月19日 尊重大自然的力量

有一天，我看著海邊一個男人拚命地想要把獨木舟拖出海，但每次才剛出發，就有一波大浪打下來。他試了好幾次都失敗，到了最後，又一波海浪過來，把船硬生生打回岸上。男人站起來，仰頭看向天空，兩隻手臂伸得好直好直。

這是投降的姿勢，這個「我沒輒了，只能向自然力量屈服」的姿勢很多人都知道。

沒錯，我們正學著相信自己。我們正學著說「我可以」。但自信與自尊的一個重要部分就是學會謙卑、尊重大自然的力量。

設定你的目標，追求夢想。說出你要什麼，並且學著給自己訂定界線。要抬頭挺胸，也要學會適時順服。

有時候你就是不得不把雙手高高舉起來，向宇宙的力量投降。

今天，我要放下傲慢的態度，迎接謙卑所帶來的福氣。

11月20日 做好準備

我們每次做一個決定，每次設定自己的界線，就可能得面對考驗，而且是突如其來的考驗。每次我們說出「我可以」，就會接受考驗。我們無法選擇要接受什麼考驗，而且這些考驗往往很醜陋、很麻煩，直接衝著我們的弱點而來。

考驗來臨時，不要覺得自己是受害者或被折磨。做好準備，讓考驗教你更認識自己、知道自己要什麼、有多麼想要。把考驗當成一種阻力，是我們可以推開的阻力，來使我們更加瞭解自己、知道自己要什麼。有時候我們以為自己想要的其實並非是我們內心真正想要的，但有時候確實是。人生的試驗不是為誰好，而是為我們自己好，讓我們知道自己學到了什麼。

別擔心，好好準備。

隨時都要留意。考驗可能說來就來。

今天，我不會再抗拒人生的各種考驗，我要趁此機會好好認識自己，用盡全力。

11月21日　你所遇到的挑戰，你都禁得起

神是信實的，必不叫你們受試探過於所能受的；在受試探的時候，總要給你們開一條出路，叫你們能忍受得住。

——聖經

我們這輩子多少都聽過這個說法：「每個人一生當中所遇到的挑戰，都是在我們可以應付或承受的範圍內」。人生的負擔不會太重。就算被分到重擔，我們還是可以迎接挑戰，完成任務。沒有人說負擔不會太重。沒有人說任務很容易完成。沒有人說我們可以從容不迫、有能力承擔不屬於我們的重擔。

有時候我們的確感覺自己就快應付不來了。

但事實不然。

不管事情怎樣，不論你覺得自己行不行，你都行的。

今天，我會得到度過今天所需的一切，包括一顆愉悅的心。

11月22日 練習基本功

不要再受無法放手所苦？這是我每天都得做的決定。

——無名氏

記得練習基本功。

大家都會掛在嘴邊這麼說：除非你已經學到人生的教訓，不然課題不會消失。我們可以藉著做別的事情離開、迴避、躲藏、逃脫、跑掉，但人生的課題還是如影隨行。

另外還有一個說法，也是重要的人生觀念：就算你已經學到這個教訓，不代表教訓就從此消失，有時候同樣的教訓會以不同的面貌出現。

之前我一直以為一旦學到了教訓，我就不再痛苦了，然後就可以繼續我的人生。

我過了一段時間才明白不是如此。我學這些課題是因為我會需要用到某項技能、獲得覺醒、明白某種價值，或是在接下來的日子裡練習某一個方法。

每天都練習基本功，愈常練習愈好。記得把這些原理原則融入每一天的生活。

今天，我會在生命中的每一天都記得練習自我照顧的基本功。

11月23日 讓別人知道你是真的這麼想

有時候光說「我可以」還不夠。你必須讓自己跟宇宙知道，你所說的每一句話都是發自內心。如果好事沒有找上門來，也許你應該主動走過去。

踏出一開始的那幾步，就算很彆扭、笨拙，還是要踏出去。善用手邊有的資源，就算這些資源不盡理想也沒關係。盡你所能去做。朝著夢想真正跨出一大步。好運不會從天上掉下來，但這並不代表你就不能有好運。

你是不是在等待自己的人生可以奇蹟般夢想成真，或是實現目標？也許你需要自己先踏出幾步，而不是枯等著好事發生？你開頭的前幾步也許只是前面的努力，等到一旦踏出那幾步之後，你就會被引導到你想要做的事情上。

有時候放手的意思不是要你坐著被動等待，有時候採取主動也是你必須要做的事。讓其他人還有你自己知道，你是認真的。

今天，我會知道要走哪幾步，然後邁開步伐，走上自己的道路。

活動：把你的目標清單拿出來。看是否有哪一個夢想、願景或目標你一直在等待奇蹟發生？也許你需要先踏出去？今天就行動，開始在人生中發揮「我可以」的力量。

11月24日 從你的核心出發

試試下面這個練習。走進一個房間，在心中想像自己在某個地點：例如坐在椅子上、在車子裡，或是跟朋友在一起。接著找一件事持續做五分鐘，像是洗碗之類的，全程都把意念放在另一件你一直很想做的事，或是某件你一直擔心的事。然後，走出房間。

接下來，再次走進房間裡，這次特別注意自己的每個腳步，每一步都全神貫注。注意自己現在人在哪裡，意識每一步的感覺，並且打從心底樂於處在自己現在的位置。然後洗碗、意識到水的溫度、肥皂的味道、腳底地板的感覺。要有意識去覺察。發自內心想要洗碗。專注在當下那一刻。專注在洗碗這件事，確實把碗盤清洗乾淨。懷著感激的心情，欣然去做這件事。全心全意去完成。

這就是從你的核心出發。這表示我們活在當下，完整地存在，專注、有覺察。我們沒有胡思亂想自己在別的地方。不管事情是大是小，我們都要看重手邊正在做的事。一旦我們對事情都能全心全力投入，人生就會變得更加充實。

凡事皆從自己的核心出發，即使只是平凡的事情與人生的片刻。不論你找到什麼事做，都要全力以赴。

今天，我會好好度過生命中的每個當下。

11月25日 溫和地展現自己的力量

用自然、溫和的方式，展現自己的力量。

當我開始學習照顧自己與擁有自己的力量時，我講話很大聲，甚至用吼叫的方式讓別人知道我的底限。這是我讓別人重視我在說什麼的方法。我想藉此讓別人知道我是認真的。

之後大概過了五年，我開始學習了解什麼是擁有自己的力量時，我體認到為了擁有自己的力量，我可以輕聲表達自己的想法。當我愈是清楚自己要說什麼以及我是誰，我就愈不需要扯著嗓子說話。

隨著我愈來愈會照顧自己、愈瞭解自己的內心世界，我的頭腦也愈來愈清楚，於是擁有自己的力量也變得更輕鬆自然。我的力量包括設立界線、說不、拒絕被操縱、承認自己會改變心意等。

雖然人生中還是有些時候我們必須很堅定，有時候則必須很強硬，而且重申我們說過的話，有時候得大聲說。不過當我們愈是安靜、輕鬆地說出真正的想法，通常表示我們愈相信自己。

讓你的力量、界線、自我表達，自然而然呈現吧。

學習並尊重以溫柔堅定的方式回應。

今天，我會溫柔地照顧自己，並且跟自己還有周遭的人和諧共處。

11月26日 把門打開

我們是如此常常讓自己覺得像局外人。我們想要進入新的領域或加入新的團體，但覺得自己懂得不夠多，別人可能不喜歡我們，我們可能失敗，也可能成功。於是我們站在門外面，眼巴巴看著裡面的人，希望自己有鑰匙把門打開，加入這個團體。

但門根本沒鎖。

把門打開，走進去就對了。

今天，我會提醒自己，讓我變成局外人的只有我自己。

11月27日　抖一抖自己的翅膀

我們每個人所需要的自由，程度都不盡相同。在我眼中看來是侷限的事物，但對今天的你來說可能是無法想像的自由。等到將來，當你回顧人生時，你也許會很驚訝地發現，你已經很自然地習慣某種程度的自由。也許今天的你對身邊的人所享有的自由很驚嘆、很羨慕。你可能會說：「我永遠都沒辦法像那樣。」

沒錯，你可能沒辦法。但你也可能有別的機會。

感受到你背上的翅膀了嗎？它們一直都在那裡，而且無論你是不是已經開始飛了，你的翅膀都是一天一天在長大。

羅伯．舒曼曾寫道：「在這無窮的地平線，你的可能性也無窮無盡。」

今天，我會抖一抖自己的翅膀，我知道自己可以變得很棒。

11月28日 這是個機會

唯有發自內在的信念才能確實培養一個人對生命的珍惜與愛護。信念不必然是佛教輪迴的觀念，而是打從心底瞭解這輩子的人生乃獨一無二。

——羅伯．舒曼，《喜馬拉雅聖山之旅》

你看見了嗎？你知道你人生中的每一天都是特別、珍貴的機會嗎？

再看仔細一點。看看人生的各種磨練。其實你可以參與自己的成長歷程。看冥冥之中有人如何輕輕握住你的手，引領你走上正確道路，總是在對的時間給你適當的口頭鼓勵與機會，讓你遇見對的人。

你可以感覺，你可以觸摸，你可以絕望痛苦，也可以樂得笑翻天。你可以晚上睡覺暗自流淚，然後隔天一早起床，繼續過生活。

你可以一個踉蹌、跌倒，覺得自己被遺棄，你也可以爬起來，然後霎那間突然頓悟開竅了。

你可以等一下再感謝身邊的人。但最好還是現在就說謝謝。

從今天開始就活出充實人生。

今天，我會善用每個機會，善用我的這個人生。

11月29日 你也可以

如果你認為自己可以，你就真的可以。你可以把背包揹上，開始一段旅行，而且不用花太多錢。你可以爭取自己想要的工作、追求自己想要的關係、實現自己心中的夢想。你可以從目前的位置出發，前往任何自己想去的地方。

你所需要的就只有自己的信念、渴望，還有相信宇宙的力量。

看看你身邊，看看自己有多麼幸運、有福氣。然後再重新檢視自己人生中有哪些限制，開始逐一放掉那些限制。

找到那一條會帶領你通往美好結局的道路。找出你內心真正想走的路，然後順著路走下去吧。

今天，我會再一次瞭解「我可以」的力量。

11月30日 相信生命的魔法

任何事情都可能發生，孩子，
任何事情都可能實現。

——謝爾．希爾弗斯坦

小時候我們對周遭世界充滿好奇，什麼事都有可能。但沒多久那些「應該怎樣」、「不可能怎樣」、「不要怎樣」便偷偷爬上我們的肩膀，把我們綁住，於是我們的期望變低了、信念也縮水了。

相信自己。說出你想要什麼、想接受什麼磨練、想達成什麼目標、想要什麼樣的關係，然後走出去，實現你的人生願望。

那些虛度人生的人只會在旁邊潑你冷水。你要加入他們，還是默默去做看似不可能的事？相信「我可以」的力量。告訴那些唱反調和虛度人生的人：我可以。而且你也一樣。

今天何不回想一下小時候你有什麼希望、有什麼夢想？那些希望、夢想真的那麼遙不可及嗎？記住，什麼都有可能發生，而且往往也都發生了。

今天，我要謝謝上天，讓我的人生有目前的成就。未來我會更瞭解自己可以完成什麼事。

十二月

讓自己快樂

重生的奇蹟，快樂其實就在眼前，看你已經走了這麼遠，瞭解平凡的美好與意義，放掉被污染的情緒，你已經不是生還者了，你的人生就是力量，你已經握有所需的所有力量，享受迎面而來的每一刻，讓家人做自己吧，應該抬頭看看自己現在所在的位置，珍惜那一點光亮的美好，別再壓抑自己，放慢速度然後放手，放下任何殘存的怨念

12月1日　說真是太棒了

很多人孜孜不倦尋找人生的意義，至少對自己的人生是如此。

我也曾經積極尋找人生的意義。我上各種課程，讀各種書籍，也到處旅行。不過我還是沒有找到。雖然我沒有因此沮喪，但我的靈魂還是很痛。

有一天，我不找了。並不是我放棄了，我只是接受事實。我不再枯等哪一天自己會中了心靈大樂透的頭獎。我不再老是努力讓自己開竅，不再尋找完美的心靈伴侶，而是坦然接受並享受生命中的每一刻——現在這樣子就很好了。

然後我就找到快樂了。或者說，是喜樂找到我。

開竅的關鍵可能比我們想得簡單。我們來到這個世界上是為了過一個快樂人生。看看自己人生的每一刻，然後學會說：「真是太棒了。」

今天，我會明白什麼是喜悅。

12月2日 學會讓自己快樂

如果你覺得目前在經歷的某件事不是自己原本預期的，那代表改變就快來臨。雖然我們都希望可以一眨眼就改變，但改變通常不會那麼快。改變是由所有片刻累積而成，有時候這些片刻會一直一直出現。但有一天，至少當你最不期待的時候，鳳凰就會浴火重生。那個鳳凰就是你。

有人經歷很多痛苦。有人的痛苦相對少一點。如果我現在坐在你面前，我就會看著你的眼睛對你說：「我知道你吃過很多苦，但很快你就會展開新的循環，你即將體會到什麼是快樂。」

生命會帶領你展開一趟自我轉變之旅。你可以放下某些事物。但別擔心，其中有一部分你會重新拿回來。而且有時候，我們以為失去了某樣東西，但其實沒有。它只是到了另外一個地方。大家都說不經一事，不長一智。通常這是指學到教訓後，痛苦也結束了。然後事情開始出現轉變。一切變得水到渠成。人生的每個片刻都會漸入佳境。

外面的世界很大，而開啟門的鑰匙就在你手中。人生的終極課題就是學會快樂。把恐懼放到一邊，不管現階段你的人生如何，都要好好過自己的人生。也許今天就會出現轉變，也許明天、下週或幾年之內。到時候你會克制不住，大喊：「天哪，人生真的太讚了。」

今天，我要開始逐一學習自己的人生課題，然後領悟什麼是快樂。

12月3日 享受空檔期

我們長大後就忙著應付眼前的事情，甚至到手忙腳亂的程度。我們工作又工作，走在人生的道路上，經歷成長。突然有一天，關係生變，工作出狀況。或者我們已經陷得太深，當我們想看清楚卻什麼也看不到。我們很害怕。空蕩蕩的感覺很可怕。我們對未來沒有計劃，沒辦法正確採取下一步。我們被決定包圍，而每一個決定都感覺不太對勁。

放輕鬆，別再試著填滿每一刻。你正處在一個空檔之中。深呼吸、看看花、曬曬太陽。要不然也可以自己讓自己暖和起來。沒必要害怕這個階段；你不必一定要做什麼。繼續走下去，然後不久你就會發現自己應該要前往的道路。

今天，我會在人生的空檔階段放下擔心與害怕，到哪裡都很歡喜自在。我會利用空檔好好放鬆、好好充電，為之後的旅程做足準備。

12月4日 重生的奇蹟

生命的誕生是令人歡欣的經驗。在孩子出生後幾秒鐘走進產房，你幾乎感受得到房內那股興奮的情緒與能量。

重生也是如此。我們可以感受到內心因為重生而出現轉變。我們可以從個人的經驗中獲得重生。人生有時候會遇到反其道而行的狀況。我們的人生可能在一瞬間崩潰，例如：摯愛的死亡、離婚、失業等。突然間我們什麼都沒有了。我們大喊：「怎麼會這樣？我哪裡做錯了？」別怕，這是為了推動你繼續前進。教你怎麼活出人生，讓你浴火重生。

接受生命中時而振奮時而沮喪的片刻，感受自己的情緒及力量。相信有一股力量會推著你一路前進。你正學著如何生活。讓自己重生吧。

今天，我會坦然接受人生的變化，看見重生的美妙，並接受上天安排的各種磨練。

12月5日 **現在就讓自己快樂**

「所謂的時間，就是使每件事情不會同時發生。」停在我前面的汽車保險桿貼紙這樣寫道。往往我們一輩子都在努力想達成某個目標，以為非得要達到目標才會真正快樂。

但人生的美好就在今天。要活在當下。

如果等到明天才快樂，就會錯過今天的美好。

有自己的人生規劃、設定目標很好。但也別忘了即時行樂。

今天，我會意識到快樂其實就在眼前，不會老是以為要等明天才會快樂。

12月6日 好好慶祝一番

看看自己的人生，回顧這一路走來的路程，然後好好慶祝一番！

爬山攻頂的樂趣之一，就是可以回頭看看走了多遠。站在高聳的山脊上，回顧那條從遠端一路走來的小徑，感覺好棒。

抱著敬畏的心，慶祝自己已經朝向目標又邁出了幾步，慶祝你在剛開始學會照顧自己的時候跌跌撞撞。就算是現在，隨著你踏出的每一步，你也一直在轉變。慶祝吧！

轉身看看，看你已經走了這麼遠。

恭喜自己已經走了這麼遠，然後期待未來等待你的各種冒險吧。

今天，我要慶祝自己的各種勝利。感謝一路上有力量支持著我，雖然有時我感覺自己孤單獨行，但我知道上天始終都在。

12月7日 享受成功的果實

如果你對一件事情夠投入，事情就做得完。工作會完成、課程會上完、作業會寫好。事情做完了就讓自己好好休息、放鬆一下吧。花點時間享受完成的感覺，因為這一刻稍縱即逝。眼前還有許許多多點子跟任務等著你去實踐呢。

獲得經驗、從失敗中學習，都是人生旅途重要的部分。但成功的感覺也很棒，而且成功的感覺就應該好好被享受一番。

如果你最近剛達到人生的一項成就，那就讓自己休息一下吧。慶祝一番。也慶祝人生中其他小小零星的成功。

放鬆一下，看看自己完成的事情，然後告訴自己：「真不錯。」請自己吃頓大餐、安排渡個假、或是去小旅行也可以。

回想自己過去的成功，忘記失敗以及不如意的事情。想想自己這一生中做對的每件事、每件順心的事、獲得回應的祈求等。不要老盯著問題或不順利的事情看，也要看看人生順遂的部分。

今天，謝謝上天帶給我人生的各種勝利，幫助我順利克服各種挑戰。

12月8日 享受平凡

我們很容易就把生活中的很多事情視為理所當然：健康、親愛的家人、朋友、食物、工作等。人生順遂的時候，我們很容易把平凡的事物視為理所當然。

看看生活中的平凡。如果有一天平凡也被奪走了，你會有怎樣的感覺？別只是感謝老天給你的成就，也要感謝人生中各種平凡的小確幸。

今天，我不會再把事情視為理所當然。我會認識、體會並欣賞這個世界上的平凡，瞭解平凡的美好與意義。

12月9日 要與他人分享

人生最甜美的兩大經驗就是發現新鮮事，還有與人分享。

留意人生中這些新鮮有趣的事情。這些事情不見得大到讓你欣喜若狂。但享受這些新鮮事，從中學習，好好感受，然後為了讓經驗變得更美好，找個好朋友一起分享。

今天，我會重新發現生命的美妙與驚奇，然後跟別人分享這些感覺。

12月10日 驚嘆自己眼前所見

有一天我和朋友在野外露營，因為天氣太好，我們就直接睡在星空下。我們倆躺在黑暗中，看著天空的星星一顆接著一顆映入眼簾。我閉上眼睛，漸入夢鄉。過了一陣子，附近的樹上有一隻鳥開始哼起晚安曲。我睜開眼睛看見夜空繁星點點，中間有一道銀河劃過，還有好多不知名的星星讓人目不暇給。我根本不想閉眼睛，不想錯失這不可思議的景象。

對於那些真正的越野專家來說，在野外紮營或許沒什麼。但我們每個人的人生所擁有的自由程度各不相同。自由意味著嘗試新的事物、獲得新的體驗，也代表不管夢想或大或小都放手去追求。

讓自己重新體驗以前你看到什麼都覺得很新鮮、很驚豔的奇妙時刻。發掘自己的各種可能，然後為所見的景象感到驚奇。

今天，我會感受人生的各種可能，驚嘆生命居然這麼美好。

12月11日 觸碰、品嚐人生

體驗是只有人類才享有的特權。我們可以品嚐美食、聞聞大海的味道、感受燃燒的杉木把空氣中的寒意趕走。我們會愛，也會受傷害。這是多麼棒的體驗。感謝上天給我們的每一刻，讓我們能夠用心感受每一次的體驗。

你是否品嚐過自己的人生？或只是渾渾噩噩度過每一天，對身邊的美景視而不見？我們不應該老是在睡覺。有時候，當我們早點醒來，會發現人生多出好多時間可以去感受。

盡情享受當下的體驗。用心去感覺、觸摸、品嚐生命中的每一刻。然後注意人生是多麼細緻美妙。

此時此刻你的體驗是什麼？

今天，我會覺察到瀰漫天地間的各種美好與能量。我會提醒自己，每一次的體驗都讓我跟那些美好與能量有更進一步連結。

12月12日 創造非凡人生

我們往往會期待有一天能夠中頭獎，或得到意外之財，想說這是解決自己現在問題的唯一方法。也許我們想中的樂透不只是錢而已。

我們很容易把這種心態套用在感情生活或工作上。如果你很想買彩券，就買吧，反正有買有機會。但也許你可以換個角度看事情，如果你不再一心只想中頭獎，而是試著從比較小的事情開始做起呢？

你可以努力讓自己成為別人最要好的朋友，或努力跟交往的對象更親密。

與其枯等某個完美的伴侶出現，何不認真經營你現有的關係，做個稱職的男朋友或女朋友。

與其等著中樂透，不如今天就開始善用人生所有平凡的每一刻。

你比自己想得更富有。

今天，我會記得認真活好每個平凡的片刻，久而久之也能累積成非凡的人生。

12月13日 放掉被污染的情緒

離開被污染的情緒流。

許多當代及古代的心靈導師都有一項教誨：遠離混濁、被污染的情緒流。無論如何都要避免。外面有太多被污染的情緒：貪婪、嫉妒、負面、後悔、報復、怨恨、傲慢、受害者心理、冷酷、酸葡萄、控制慾，讓人動彈不得的恐懼等。當我們踏進受到污染的情緒流，我們的一切所作所為也會受到污染。

受影響的情緒流不是單純只有情緒，還包括立場、姿勢、態度，行為模式，不僅毒害我們，也影響到我們的人生。看看自己身邊，要小心，不要一不注意就踏進受到污染的情緒流。如果你無意間失足滑進去了，就要趕緊跳出來。

當你老是覺得內心不平靜、暴躁易怒、看什麼都不順眼，表示你已經陷入污濁的情緒流。如果你發現自己落入那種狀態，就要立刻跳開，轉念心懷感恩。

今天，當我在人生中太感情用事之前，我要放掉自己的情緒。我要正面思考並培養正向人生觀，遠離受污染的情緒流。

12月14日 你已經不是生還者了

過去我曾經一直想拯救別人，然後生自己的氣，搞到最後覺得自己像個受害者。我是在生活中自討苦吃、自導自演各種狀況。

於是接下來幾年，我不再費力想拯救他人。別人的問題或人生，並非我們可以掌控。不過我們很可能離開了那個轉輪，然後又使自己陷入另一個更複雜，難以捉摸的人生轉輪。

很多人這輩子都曾經是生還者。要不我們真沒別的選擇，要不我們自以為沒得選。於是當因緣際會遇到一個人或一件事，不管是好是壞，我們都緊緊抓住不放。

你也許曾經遭遇人生重大變故，但事過境遷，你已經不是生還者了，實在沒必要把什麼都緊抓著不放。你現在正在好好過生活。你的人生充實而自由。選擇自己所想要的。

今天，我准許自己用心走自己人生的路。

12月15日　跟人生談一場戀愛

你在談戀愛的時候，是不是每次你期待對方打電話來，你的心跳就會加速、覺得陽光照在你臉上格外溫暖、天空看起來特別地藍、白雲看起來更蓬鬆、日落的景色也更壯觀了？

要是你每天都跟自己的人生談戀愛，然後每天都有這些感覺會如何呢？我不是說和別人談戀愛不好。戀愛關係是很美妙的，是身為人的一部分，也是滿足人類需求的方式。但何不也把談戀愛的熱情和專注放在對人生的態度上？

今天就跟人生談一場戀愛吧。

今天，我會懷著滿腔熱情，迎接人生以及未來各式各樣的可能。

12月16日 當下就是力量最強大的時刻

當某個事情發生時，會有那麼一瞬間，時間突然凍結，然後無止盡延伸出去。在當下那一刻，過去曾經發生過以及有可能發生卻未發生的事，全堆積成一扇時間的拱門。

每一天都要讓自己產生一些那種感覺，好提醒自己當下的力量與潛力。

當然，事情開始有正面回饋的時候，或是當我們屆齡退休的時候，我們可以想像接下來的日子會多棒。不過換作是這時有人提出要離開這段關係，或者甚至拋下你離開，在這些當下的片刻，該怎麼辦才好呢？

力量不是在遙遠的未來。你要感受當下的衝力。你的人生就是力量。此時此刻，你已經擁有所需的所有力量。

今天，我會好好運用此時此刻的力量。

12月17日 再多看一眼自己的一切

噢，平凡有多麼的好！

我起床、翻身，看著窗外的太陽，從遠處層層的山巒後方升起。

很平凡的一天。

我記得過去有一段時間，平凡對我來說就是要去尋找新的刺激。但是現在我對眼前的平凡生活非常感恩。

「牙痛的時候，我們知道快樂就是牙不痛的時候。但之後等我們的牙不痛了，我們就不珍惜自己沒有牙痛的時候了，」釋一行在書中柔聲地對我們耳提面命。

再多看一眼你那平凡的一切。看看它有多麼珍貴。

今天，我會珍惜生命中的每一刻。

12月18日 細細品味每一刻

享受迎面而來的每一刻。

我們往往很享受目標達成、工作完成的最後那一刻。而我們也很容易騙自己說，人生只有那些巔峰時刻才有意義。

班傑明．霍夫在他的書中曾描述，維尼總是很期待吃蜂蜜，說當蜜碰到嘴唇的那一刻真的很棒，但在那之前還有另一個片刻，就是期待的片刻，就算沒有更棒但也跟吃到蜂蜜的瞬間一樣美妙。

去追求你的夢想；追求最好的表現與最大的喜悅。在工作上有所成就，當然是備感光榮的時刻；而戀愛過程中最濃情蜜意的時光更是無法言喻，也讓人回味無窮。

不過，雖然有人說自己隨時心情都極為愉悅，但大多數人知道，這麼快樂的時刻只是人生少數時刻而已。如果我們只享受這些極致時刻，或之前的期待感，我們就會忘記留意人生其他時刻的重要性。

追求人生少數的巔峰時刻固然好，但也要敞開心胸接受多數簡單美好的片刻。當你不再執著尋覓與期待人生的極致經驗，你也許就會發現生命中每一個片段是多麼甜美有趣。

盡情品味人生的每一刻。

今天，我會放下所有讓自己不快樂的事物，相信我不必非得站在人生的巔峰才會快樂、喜悅。

12月19日 快樂過日子

讓人生的每一刻都有意義。

讓每一刻都活得精彩。

汲汲營營的生活太容易讓人陷住，我們一心專注在未來的目標，以為達到目標就會快樂，卻忘記享受、珍惜人生每一個美好的片刻。我們身在其中卻往往沒注意到，當下就是人生最棒、最美妙的部分。

身為努力養家活口的單親媽媽，我以前每天都很煩惱。要怎樣才能收支平衡？天哪，扶養小孩要做的事情好多。但如今回想起來，那是我一生中最好的時光。

不管你現在感覺如何，不管你的問題是什麼，當下這一刻就是你這一生最棒的時光。

不要再老想著中樂透，或根本不要再等待什麼。要就去買一張彩券，然後放在一邊忘掉它。

現在就讓自己快樂。不要等到以後等你回顧現在才知道此時是多麼快樂。

現在就說「人生真棒」，讓每一刻都活得有意義。

今天，我現在就要感受快樂。

12月20日 現在就很棒了

我曾經因為要買水晶而跟店裡老闆熟識，進而變成好朋友。我們後來還常常相約，一起去吃飯、看電影等。

一年過去了，然後兩年、三年、五年過去了。在這段期間，我們合資開了一間店，後來也一起決定把店收掉。

現在我這位朋友有女朋友了，我也有交往的對象。我們還是很要好的朋友，三不五時會互相聯絡問好。

「雖然我們一天到晚互相抱怨、不停地發牢騷，但我們當時其實蠻開心的，」我說。「真的，」他也有同感。「那是我人生中最棒的時光之一。」

現在回想起來，我們曾生活過的每個平凡時刻看起來都很豐富、充實。我們何不記住這一點，好好珍惜，並且體認，其實在眼前的就是我們人生最棒的時光了。

今天，我會慶祝這一天的存在，而且很高興自己身在其中。

12月21日　放下期望

你遇到某個人、喜歡上對方、約會見面，然後你的大腦開始美化那個人的形象。沒多久，你以為這人就是你的完美伴侶，沒有他你就不想活；他是你生命的一切。然後他做了某件蠢事，你覺得很失望。

「你不是我原先想的那樣子，」你說，然後走掉。

他當然不是你原以為的樣子。他是一個人，不是你想像出來的東西。讓每個人做自己就好。

無論朋友或親密愛人，當兩個人相處的時候，彼此心中的期望攸關這段關係的成敗。我們期望某人要有特定的行為表現，當對方沒做到的時候我們就會生氣。我們感覺被騙了，很失望。我們把全部籌碼押寶某一個號碼，結果最後出來的不是這個號碼，我們就生氣了。

放掉那些期望，當你享受另一個人的陪伴時，就專心感受，不要帶任何期望。人就是人，每個人會犯錯跌跤，然後重新站起來——或留在地上。你不能控制對方，你只能向他學習、愛他、享受有他在你身邊的陪伴。

放下期望。讓每個人做自己就好。你會愛對方是因為你欣賞他現在的樣子，而不是出於你的期望。

今天，我會提醒自己，當我不再抱著期望的時候，也許我就會找到真愛。

12月22日 說這一切太美好了

大家都說要尋找人生最特別的摯愛。或許我們也可以從朋友那裡學到愛的真諦。

我們不會期望朋友改變我們的人生，或幫助我們修正不對的事。我們會接受朋友做他們自己，也讓他們繼續做自己就好。這是身為朋友的意義。

我們不會期望自己喜歡朋友的一切，我們知道朋友也有自己的缺點，他們有時候也會做出讓我們看不順眼的事。

我們不會期望朋友要娛樂我們、讓我們開心、逗我們笑，或一天到晚笑臉迎人。我們會讓朋友走過他們人生的高低起伏。有時候我們就只是跟朋友靜靜坐著，各想各的心事，不用刻意找話題聊。

我們不會故意跟朋友挑釁或小題大作，而是維持友情熱絡，盡自己所能避免跟朋友起衝突。我們希望友誼能夠長存，成為我們人生中一個靜謐、安全、平和的避風港。

我們不期望朋友搗亂我們的人生，讓我們偏離正軌。通常如果有朋友想要破壞我們的生活，我們就會走開。

我們不會讓朋友動手打我們。而且朋友彼此不會惡言相向。遇到問題的時候，我們通常會審慎衡量，怎麼樣才能好好跟對方把事情講開。

我們會鼓勵朋友，為他們祈求，但不會把他們的問題當成自己的，而且當朋友為了個人成長而需要專心做什麼的時候，我們不會以為這是故意冷落我們。

在朋友關係裡，沒有誰獨自握有全部的權力。儘管我們和朋友的人生各不相同，我們還是會很努力平等對待彼此。

我們會容忍友情的循環變化。我們知道每個人在不同的階段，各自有不同的需求、不同的經歷要走過。有時候我們有充裕的時間經營友誼，但有時候可能不太有時間。

我們不期待朋友二十四小時陪伴。我們會花時間相聚，也很珍惜相聚的時間，但也會好聚好散，各自過各自的生活。我們不會刻意要跟朋友黏在一起，或硬要跟認識的人變成好朋友。我們會順其自然跟對方相處，因為這才是培養感情的真正方法。

我不是兩性關係的專家，但我想，要是每個人都用對待朋友的方式對待自己所愛的人，也許我們就更容易找到人生的摯愛。

今天，我會在不切實際的期望和完全沒有期望之間找到平衡點，並珍惜現有的關係，別再妄想愛情非得多麼轟轟烈烈不可。

活動：用誠實的態度好好檢視自己對戀愛關係的期望。你是不是期待會有某個人出現並從此改變你的人生，還是你想要找一個既是朋友又是情人的對象呢？

12月23日 這些時光有多麼彌足珍貴

當時感覺起來就只是很平凡的時光。有位朋友住在我家，幫我打理事情。我忙著辦喪事，有很多事情沒法同時兼顧。

然後忙碌的日子慢慢變成寧靜的生活，有時候就窩在家裡，有時候煮一頓豐盛的晚餐，有時候叫外送披薩吃。有時候我們看書，有時候講電話，或乾脆閒在家裡無所事事。

然後那一天終於到來。朋友要離開了。我們相處的時光結束了。那就這樣吧，天下無不散的宴席。朋友走出門的時候，我揮手跟他道再見，剎那間一股激動的情緒湧上心頭。原本以為這些相處的日子很普通，但直到結束的這一刻，我才發現平凡的日子有多麼珍貴與美好。

人生的各個片段都很棒、很珍貴，尤其是平凡的日子。不要罔顧或虛度這些時光，因為這些平凡的片段，往往就是我們這一生中最充實的時光。

今天，我會提醒自己，活出精彩人生的不二法門就是接納並用心活出生命中的每一刻，而且發自內心接受現狀，不強求什麼。

12月24日　讓家人做自己吧

T小姐參加一場有關個人成長的講座後非常感動，結束之後打電話給父親。父女倆已經好幾年沒說話了，因為幾年前她和父親大吵一架，然後搬出家裡。他們誰也不想主動聯絡，誰也不想先原諒對方說過難聽的話。於是T小姐先踏出了一步，從此以後父女感情就一直很好。

K先生小時候很喜歡父親，但長大之後他卻只想離開家。他的父親有些問題；他也有自己的問題。離家後，他每年和父親講話只有短短幾分鐘。直到K先生三十歲了，他決定應該跟父親和睦相處，於是去看父親。K先生迫不急待要跟父親促膝深談，想跟父親聊身為男人還有長大的心路歷程，他相信父親也會有同感。家裡只有父子倆獨處，他掏心掏肺之後，父親只說：「到外面來幫我換輪胎。」

家人，還有父母是百百種。如果你的內心告訴你要這麼做，那就主動去做吧。盡自己所能，用你的方式當個最棒的兒子或女兒。不過假使你跟父母的關係不是你心中理想的樣子，就別跟自己過意不去。讓家庭中的每一個人做自己就好。盡你所能給他們最多的愛。但如果你們從以前就不對盤，現在就算你對他們掏心掏肺也無法讓彼此變得太親近。

試著微笑，你不一定要做出什麼反應。你知道怎麼照顧自己。

今天，我會修補我和家中所有成員的關係，接受家人現在的樣子，然後也真心接受我自己。

12月25日 凡事都看優點

找出你喜歡對方的三件事。

那天我去看女兒，之後我跟她通電話。我告訴她，當天我最喜歡她的三件事。她大抽一口氣。她知道我當時很坦白。「真的嗎？」她問。

「我是說真的，」我說。「每一句話都是認真的喲。」

你想不想讓自己跟朋友、孩子、愛人、同事或老闆的關係更進一步？與其老是用批評的語氣講你不喜歡的事情，不如告訴對方，你最喜歡對方什麼。很多人心中都有幾份不安全感，無論是對自己、對感情、對於工作上的表現等都是如此。與其老是以為全天下只有你一個人有不安全感，不如對別人說一些鼓勵的話，也讓他們覺得認識你真好。

三是個不錯的數字，不是嗎？

真心地找出你最喜歡對方的三件事，然後直截了當告訴對方那三件事是什麼。

今天，我會看見自己所愛的人身上的優點。

12月26日 魔法就在自己身上

當我們跟某個人走得很近時，就會心想，「我不需要放手」。或者我們的人生很順遂，凡事盡皆如意，我們就會想，「我不需要放手」。

可是只要我們忘記放手，人生就會大力推你一下，讓你重新想起來。這世界上沒有什麼東西可以永遠緊抓在手中。到最後那些我們認為很重要的各種東西都需要我們用某種方式放下。小孩會長大，友誼會改變。你以為自己這份工作可以做一輩子？哎呀，有一天公司整併，你的職位也沒了。

雖然有穩定的關係、安穩的工作、有房子很好，但也要記住你的安全感不應該來自這些身外之物。你的安全感與快樂不在於那個人、那份工作或某樣東西，安全感是存在你自己心裡。

當該放手的時候到了，你不要生氣。對那個人、事、物敞開心胸說：「感謝你讓我學會去愛、幫助我成長。」然後就放手，心中毫無怨言。就算一切都已畫下句點，愛的感覺將永遠留存。就算這代表人生中最美好的時光要結束，你還可以看看自己現在所在的位置。別忘了也要享受當下。

這會是你人生另一個難忘的時光。記住，愛是上天的禮物。

今天，我會抬頭挺胸，打開心門，因為我知道人生路途都會有指引。

12月27日 珍惜那一點光亮的美好

我認識的人之中，有人曾經走過非常艱困的時期。有位婦人在一場大火中痛失丈夫與孩子們。另一位婦人則是在某個禮拜日，發現自己十幾歲的孩子在家上吊自殺。我認識有人在一夕之間失去所有的財產。我也認識有人原本有著積極、健康的生活，但隔天卻因為車禍而終身癱瘓。

兒子過世之後，我也經歷了好幾年的傷痛。年復一年，我痛徹心扉，我以為這種痛苦永遠不會消退。仔細聽好。願這些經歷永遠不會發生在你身上，但假使你正身處類似的情況，那就讓每一刻活得有意義吧。而且當痛苦和磨難消退的時候，即便只是短短幾秒鐘或幾小時，都請特別用心體會。把這些片刻看成一份禮物，一絲曙光。好好用心珍惜這些時光。

你可以把自己心中的痛苦寫下來。感受一切痛楚之餘，也要記錄下每週出現這一絲喜悅的時刻。那些時刻會一直一直增加。

也許你不喜歡現在所處的人生階段，但還是要試著從中找幾個可以喘氣、到處看看的時刻，然後說：「真是太好了。」

今天，我要在人生中至少找一項讓自己覺得開心快樂的事，就算只是一天之中的一個小片刻也無妨。

12月28日　冒著活著的危險

很多人都有過對永恆不變和安全感幻想破滅的經驗。我們活得越久，就越相信這個觀念：沒有什麼是永遠的。我們可以預先計畫很多事，但唯一百分之百肯定會發生的事情就是「變化」。

在人生的某個階段，我們會說服自己事情不是這樣。我們全心全意投入那一份工作、那一個案子或那一段關係，但到最後卻可能是一場空。

我們有些人在經歷過許多次起點、中間點、終點的循環之後，就下定決心從此不再對任何人或事敞開心扉，不再放開自己，不讓自己專注於當下、享受當下。

我們心想，如果我不完全投入，結束時我就不會受傷。也許吧。但你也因此無法體會那些時刻可能帶給你的樂趣、喜悅、充實感，以及甜蜜。

好吧，就算你現在變聰明了，知道沒有永恆的事，知道當有開始就有結束。人會出生，會死亡。工作或計畫會啟動，然後結束。但這些中間還有一大段有趣的過程正等你去體驗，投身進來，親自見證人生有多棒。況且，當你最後抵達終點的時候，你也已經有足夠的智慧、勇氣、力量去面對一切。

還在等什麼？去吧，別再拖拖拉拉，放手一搏，全力活出自己的人生。

今天，我會有足夠的信心及放手的勇氣，充實度過生命的每一刻。

12月29日 讓冒險精神充斥每一個毛孔

有時候冒險的精神會慢慢籠罩我們。當風向剛開始改變的時候，我們會轉身背對，頑強抵抗，希望一切維持現狀就好。然後漸漸地我們放下自己的掌控慾，允許事情改變，也讓自己跟著改變。我們接受改變了。

之後我們在人生路上轉一個彎，遇到一個很精彩的體驗，然後一個個接踵而來。沒多久，我們發現自己開始期待下一步，迫不急待想知道今天會發生什麼事。眼前的路會通往哪裡呢？我會遇到誰？我會學到什麼？我現在正在學習的是什麼樣的美好課題呢？

冒險精神就這麼開始籠罩我們全身。

你已經踏出去的步伐，正慢慢帶領你沿著那條路走，每次一轉彎就會有精彩美好的際遇。你已經學會包容突如其來的變化，現在學會讓自己完全接受改變。

冒險不是你去做什麼事，而是你的人生本來就是一場冒險。瞭解人生就是這麼棒，風要怎麼吹就由它去吧。

今天，我會培養對人生的冒險精神。

12月30日 放慢速度，然後放手

前一陣子我出外旅行，途中想打電話給朋友時，卻發現手機沒電了。我開始緊張。如果有人要聯絡我怎麼辦？如果發生什麼緊急的事怎麼辦？

我一直想著手機沒電該怎麼辦，結果錯過想去的地點。

然後我停下車買早餐，餐廳的位置正好遠眺太平洋。我問服務生餐廳有沒有公共電話。結果沒有。旁邊美麗的海景、空氣中瀰漫海水淡淡的鹹味、海浪拍打的聲音，我一個也沒注意到，而且事後也不記得我當時有沒有吃自己買的早餐。

我決定更改行程，然後就上路提早回家。

等我到家的時候，手機沒有半通留言。沒有人找我，甚至沒人注意到我不在家。但我卻因此錯過這趟旅行的樂趣。我花太多時間想著手機沒電的事，幾乎不記得自己去了哪些地方。

你是不是也因為太匆忙而錯過旅程中的驚奇呢？放手吧。深呼吸。當你已經啟程，乾脆讓自己放輕鬆，好好享受其中的過程吧。

今天，不管我現在在哪裡，我會盡情享受當下。

12月31日 冒險就在旅途中

我之前說過，但現在還要再說一次。有目的地很好，但冒險就在旅行的過程中。

先暫時停一下，回想自己過去這一年到過哪些地方，感謝自己經歷的一切，還有進入自己的生命裡的所有人。

探索自己的內心世界。放下任何殘存的怨念。

花些時間，好好省思自己的成就。

對自己所獲得的成就心懷感恩，也感謝所有平凡的點點滴滴。

然後看看自己的目標清單，上面列的事情有些已經發生了，有的還沒有。但還不要放棄喔。放手就好。明天開始，你可以重新寫一份清單。

今天，感謝上天讓我安然度過這一年，我會洗滌心靈讓一切歸零，明天又是嶄新的開始。

每一天，都是放手的練習 2
你就是自己最重要、最需要照顧與關愛的人
More Language of Letting Go

作者	梅樂蒂・碧緹（Melody Beattie）
譯者	盧姿麟
總編輯	汪若蘭
協力編輯	陳思穎
封面設計	李東記
行銷企畫	李雙如

發行人	王榮文
出版發行	遠流出版事業股份有限公司
地址	臺北市南昌路 2 段 81 號 6 樓
客服電話	02-2392-6899
傳真	02-2392-6658
郵撥	0189456-1
著作權顧問	蕭雄淋律師

2016 年 7 月 1 日 初版一刷
定價 新台幣 300 元（如有缺頁或破損，請寄回更換）

ISBN 978-957-32-7845-0
遠流博識網 http://www.ylib.com E-mail: ylib@ylib.com

預行編目

每一天, 都是放手的練習 . 2 / 梅樂蒂 . 碧提 (Melody Beattie) 著 ;
盧姿麟譯 . -- 初版 . -- 臺北市 : 遠流 , 2016.07
面 ; 公分
譯自 : More language of letting go : 366 new daily meditations
ISBN 978-957-32-7845-0(平裝)

1. 靈修 2. 生活指導

192.1 105009465